U0849887

中外文稀有版本文献

《德意志意识形态》

④

德意志
观念体系

【德】卡尔·马克思　【德】弗里德里希·恩格斯◎著
克　士◎译

中央编译出版社
Central Compilation & Translation Press

前　言

《德意志意识形态》全称《德意志意识形态。对费尔巴哈、布·鲍威尔和施蒂纳所代表的现代德国哲学以及各式各样先知所代表的德国社会主义的批判》，是马克思和恩格斯共同撰写的阐述唯物史观和共产主义理论的重要著作。这部著作共分为两卷，第一卷批评了路·费尔巴哈、布·鲍威尔、麦·施蒂纳的唯心史观，阐发了唯物史观的基本原理，论述了共产主义和无产阶级的革命的理论；第二卷批判了当时在德国流行的所谓“真正的社会主义”或“德国社会主义”，揭示了这种假社会主义的哲学基础、社会根源和阶级本质；该书揭示了人类社会发展的一般规律，论证了共产主义取代资本主义的历史必然性，提出了无产阶级夺取政权、消灭私有制、建设共产主义新社会的任务。

《德意志意识形态》是马克思和恩格斯于1845年至1846年共同完成的一部巨著，原文是德文。由于普鲁士官方书报检查机关的阻挠以及出版商对书中部分内容的担忧，这部著作在出版的道路上命运多舛，一直未能全部出版，仅仅第二卷的第四章在《威斯特伐利亚汽船》杂志1847年8月号和9月号上发表过。前苏共中央马克思列宁主义研究院于1932年首次全文用德文出版，1933年用俄文出版。

《德意志意识形态》第一卷第一章“费尔巴哈”是未完成的手稿。在手稿中，这一章原来的标题是“一、费尔巴哈”。马克思逝世后，恩格斯在整理其遗稿时，在手稿第一章的结尾处写有“一、费尔巴哈。唯物主义观点和唯心主义观点的对立”，很显然这是他对原有标题所作的具体说明。

由于《德意志意识形态》原文公开出版较迟，其传入中国的时间也较晚。1930年4月，上海亚东图书馆出版了程始仁编译的《辩证法经典》一书，含有《唯物的见解和唯心的见解之对立》一文，即《德意志意识形态》第一卷的摘译。1932年5月，上海昆仑书店出版了杨东莼、宁敦伍翻译的《费尔巴哈论》（又名《机械论的唯物论批判》）一书，含有《观念论的见解与唯物论的见解之对立》一文，即《德意志意识形态》第一卷摘译。1937年2月，南京《时事类编》第五卷第三期刊载荃麟翻译的《社会意识形态概说》一文，即《德意志意识形态》第一卷摘译。

1938年11月，上海言行出版社出版了郭沫若翻译的《德意志意识形态》一书，内容包括“马克思所著《德意志观念体系》序文之初稿”即“《德意志意识形态》第一卷序言”、“费尔巴哈——唯物论与唯心论的见解之对立”即《德意志意识形态》第一卷第一章“费尔巴哈。唯物主义观点和唯心主义观点的对立”的片断、“费尔巴哈论纲”，以及“译者弁言”和李亚山诺夫写的“编者导言”。1947年3月、1949年4月，该版本两次重印。1941年7月，上海珠林书店出版了克士（即周建人）翻译的《德意志观念体系》一书，即《德意志意识形态》第一卷的摘译。1948年8月，上海大用图书公司出版了周建人翻译的《新哲学手册》一书，将《德意志观念体系》一文收录其中。

中华人民共和国成立后，中央编译局翻译的《德意志意识形态》全新译本最早收录于1960年12月人民出版社出版的《马克思恩格斯全集》第三卷，1961年《德意志意识形态》单行本出版，此后市面流通的版本，基本为中央编译局译本。为进一步推动《德意志意识形态》的研究，中央编译出版社此次整理出版了《德意志意识形态》在全世界传播较为广泛的德文版、英文版（节选），以及1949年前中国出版的几个中文节译本，向国内学者提供权威的版本资料。如有不当之处，敬请批评指正。

张远航

2024年4月

德意志觀念體系

馬克思著
克士譯

德意志觀念體系

第一部分（總論）

一　費爾巴哈・唯物觀和唯心的對立

卡爾・馬克思
佛里特立肯・恩格斯　著

克士　譯

德意志觀念體系

實價國幣一元

著作者　卡爾·馬克思

翻譯者　克士

出版者　珠林書店（上海牯嶺路人安里16號）

發行者　楊克齋

版權所有不准翻印

中華民國三十七年七月初版

介紹

我們如果翻開馬克思的政治經濟學批判來看，序言裏就看到這樣的話：

「佛里特立胥・恩格斯自從他那天才的論文關於經濟的諸範疇之批判（在德法年誌中）出現以來，我不斷的在和他作文字交，他由別的路徑（參看他的英國勞動階級之狀況）我們兩人達到同樣的結果，一八五四年春，他也卜居在不魯塞爾，我們便決心把對於德意志哲學之觀念論的我們的反對見解共同敍述出來，實際也就是清算我們過去的哲學的良心。這個決心是在後期黑格爾派哲學之批判之形態中成就了的。那項原稿，八開紙的兩大厚册，早就送到了韋斯特法侖地方的出版處，後來我們接到了消息，說是情形變了，不能付印。因爲我們的主要目的——自我理解——已經達到，所以也就樂意把那項原稿讓給耗子的牙齒去批判了。」

如果我們再看恩格斯的費爾巴哈，序言裏又把馬克思上面所說的話再引一遍。馬克思和恩格斯一再提出來的這兩大本稿子，不是別的，就是德意志觀念體系。這是馬恩合作以來的第二部大著作，第一部是神聖家族，第二部就是這書。到了一九二六年，馬恩研究院出馬恩文庫（Marx-Engels Archiv），是利耶山諾夫（D. Rjazanov）編輯的，在第一冊的二〇五到三〇六頁裏，把一部分發表了出來，就是第一部分費爾巴哈・唯物論和唯心論的對立。後來，郭沫若先生把它譯了出來，名德意志意識形態，於二十七年十一月，出版於言行出版社。

到了一九三二年，馬恩列研究院出版了馬恩全集（Marx-Engels Gesamtausgabe），其第一部分第五冊卽爲德意志觀念體系，是阿陀拉斯基（V. Adoratskii）編輯的。全書分三部，第一部分就是費爾巴哈・唯物觀和唯心觀的對立，這里沒有詳細地批評費爾巴哈的哲學，著者從歷史的前題爲眞實的，能活動的個人說起，從物質條件怎樣決定他們的生活，形成他們的思想等等，講到經濟勢力和政治，法律，哲學的關係，最後是論康敏主義社會中的人類關係的大意。「意識是自覺地存在，」「不是意識決定存在，却是存在決定意識」等名言，都見於這里。這一部分，阿陀拉斯基認爲全書的總論。

第二部分名叫來比錫議會，分二節，卽聖勃魯諾與聖麥克思。這是最大的部分，約比第一部分多五倍。聖勃魯諾是勃魯諾・鮑威爾的綽號，聖麥克思是麥克思・斯鐵納的綽號，馬恩對於他們的話，仔細分析，加以打擊。

第三部分叫做眞社會主義，因爲當時有一班人，如格龍，格爾曼等，自稱爲「眞社會主義者，」他們不像鮑威爾與斯鐵諾的反對社會主義，他們也贊成社會主義，但不是科學的社會主義，却是從法蘭西的富立葉等人的學說採來的，是適合於德意志的小資產階級需要的「理論，」薄弱，混亂，而且退步的，馬恩亦加以駁斥。

德意志觀念體系，除了利耶山諾夫編輯出版的一部分，及阿陀拉斯基編輯的全部兩種版子外，還有第三種，名叫馬克思歷史唯物論，是 Landshut 和 Mayer 兩人編輯的，文字的排列又不同。

各種版本的文字之所以會不同，理由容易知道的，前面已經說過，原稿因爲不能出版，曾拿回來，並受耗子的咀嚼的批評。又經過許多年代，找尋出來，凌亂散逸，是不可免的事情。不同的編輯者各照自己的意見編輯或補充，結果遂成了不同的版本。但不同的前後的排列等等，意思大致還是相同的。

一九三二年的阿陀拉斯基編輯的版子出版不久，英國勞夫(W. Lough) 把第一部分譯爲英文；麥琪爾 (C. P. Magil) 把第三部分譯爲英文，經過巴斯加爾 (R. Pascal) 的校訂，一九三八年由勞倫斯與威沙特公司出版於倫敦。名著不妨有數種讀本同時出版，況且和郭沫若先生所譯的次序大不相同，辭句也有微異。我對於哲學雖缺乏研究，本書又是大不容易翻譯的一種，祇因爲愛好它的內容：這一部分是通論性質的，闡明唯物史觀的書，我以爲是十分重要的著作，祇有像家族的起源等，和後來恩格斯的家族的起源裏所講稍有不同，其他要點，都和後來的馬恩的著作一貫相承。就決計先把第一部分譯了出來，主要是從英譯本翻譯的，恐有錯誤，祇好待將來再行改正，或者別人有更好的譯本會出來，即使祇是拋磚引玉的工作，也不是完全沒有意思的。

還有一點須得說明的，就是文中有若干註。有些爲原文所本有，一部分爲譯者所加，但不分別註明。＊記號之後的註是馬恩原註，非後人所加。又方括孤內的數字或文字是全集編者所加，不是原有的。

一九四一年，四月二十三日，譯者記。

德意志觀念體系

序言

自來的人們，關於他們自己，關於他們是什麼，和應當是什麼總造成錯誤的概念。他們依照神，及正常的人各種觀念，以編排他們的關係。他們的頭腦裏的幻想統治了它們。這班創造者們屈服於他們的創造物之前了。讓我們把這班在妄想觀念，獨斷，想像的東西之犖軛下消瘦下去的他們解放出來吧。讓我們來反叛這等法則吧。讓我們來教導人們：一個（一）說：想像交換和人的本質相應的思想；別一個（二）說：對它們取批評態度；第三個（三）說：把它們從頭腦裏趕出去；並且——現在的現實是要崩潰

註一：費爾巴哈（Ludwig Feuerbach，一八〇四至一八七二年），左翼赫爾派哲學家，著有基督教之本質（Das Wesen des Christentums）將來哲學之原則（Grundatze der Philosophie der Zukunft）等等。

的。

這等純潔而幼稚的空想是近代青年黑格爾派哲學的核心，這不但爲德意志的民衆懷着恐怖和敬畏接受了下來，而且還爲我們的哲學的英雄們帶着洪水的危險性，和犯罪的殘暴性之嚴肅意識，把它發表了出來。

這部書的第一卷的目的就在於把這班自己以爲狼，別人也把他們當作狼的羊之眞相暴露出來，指出他們的咩爲什麽祇是德意志中等階級的概念裝了哲學的形式；和爲什麽這班哲學注釋家們的大言祇反映了德意志實際狀況的悲凉。使這種訴之於夢幻和糊塗的德意志民族的，與現實之影像爲敵的哲學鬬爭失其信用，這是本

註二：鮑威爾（Brvno Bawer，一八〇九至一八八二年）著有 Kritik der evangelischen Geschichte der Synoptiker，等等著作。

註三：斯鐵納（Max Stirner 一八五六至一八五八年）眞名字爲 J. K. Schmidt 屬青年黑格爾派，爲最初無政府主義者之一人，著有自我和他的財產（Der Einzige und sein Eigentum）等著作。

書的目的。

有一回，有一個忠實的傢伙，存着這樣的觀念，以爲人們掉在水裏的要溺死，因爲他們存有重力的觀念的緣故。如果把這觀念趕出頭腦，比方說它是迷信，說它是宗教觀念，便可以卓絕地保證他們免除一切溺死的危險了。他一生和重力的幻想戰鬥着，但是一切統計帶給他重力有害結果的各種新證明。這位忠實的傢伙，就是德意志的新的革命哲學家的模範。

卡爾·馬克思

德意志觀念體系（總論）目錄

介紹……一
序言……一
一 費爾巴哈・唯物觀和唯心觀的對立……一
A 觀念體系一般，特別是德意志觀念體系……三
〔1〕歷史……一九
〔2〕關於意識的產生……三五
〔B 觀念體系的眞實基礎〕……五九

〔1〕交通和生產力……五九
〔2〕國家和法律對於財產的關係……七八
〔3〕自然的和文明的生產工具及財產形式〕……八四
〔C〕康敏主義——交通形式的產生……九三
附錄　費爾巴哈論綱原稿……一〇五

費爾巴哈・唯物觀和唯心觀的對立

我們聽到德意志的觀念學者們說，德意志在最近的幾年中，已經起了一場無比的革命。從斯脫勞斯（Strauss）開始，黑格爾哲學的分解發展成了普遍的紛亂，「過去的各種權力」都被捲了進去。有力量的王國從這混沌中建設起來，但即刻又遭滅亡，英雄們隨時崛起，又被更勇敢更強硬的敵手打倒而消滅。這種革命，法蘭西的革命和它相比，成爲兒戲；這種世界鬥爭，地亞陀契(Diadochi)（一）的鬥爭和它相比，顯得毫無意義了。各種原理互相驅逐，精神上的英雄以空前的速度互相打倒。並且，在一八四二到一八四五這三年中，過去的時代之被掃盪，比之於平常的三世紀還要多些呢。

這一切，被認爲曾經發生於純思想的領域之中。

註一：亞力山大帝的繼承者們。

的確，我們現在要講的是一件有趣味的事情：卽絕對精神的敗壞。到它的生命的最後一點火花消滅時，這無價值的殘留物（caputmortuum），的各種成分就開始分解了，並且進行新化合，造成了新物質。這班一逕以榨取絕對精神爲生活的哲學的實業家們，現在攫取新化合物了。各人都以最大的熱心打算去零賣他所分得的一份。這自然要發生競爭的，起初，就以溫和莊重的資產者的態度出發，後來，到了德意志市場已經充滿，並且雖用盡力量商品在世界市場上已不起反應的時候，遂用通常的德意志態度，用冒充和劣貨，惡劣的質料，原料摻雜，假冒商標，虛價，無一點眞基本的證券交易及信用制度，把生意弄糟了。於是競爭變成苦鬥，並且把它當作有世界意義的革命，有最大的結果和成就的生育者來對我們贊揚和解釋了。

如果我們要把這種甚至對於最忠實的德意志公民的心中也要促醒民族驕傲之熱情的哲學欺騙加以眞實的評價，如果我們要把整個青年黑格爾運動的瑣細性，鄉村的偏狹性，和這等英雄們對於他們的成就和實際的成就之幻想中間悲喜的矛盾，明白、指示出來，我們必須站在德意志的各個前線以外的立場上來考察它的全景。

A 觀念體系一般，特別是德意志觀念體系

德意志的批判，一直到最後的努力爲止，從沒有離開過哲學的領域。它沒有考驗過一般的哲學前題，(二)全部的研究是從一定的哲學體系，即黑格爾體系的土壤上長發起來的。不特在他們的答案裏，便是在問題裏也有一種迷惑。這種依靠於黑格爾的理由是：這班批評家們，雖然各人自己說已比黑格爾進步得遠了，但沒有一個人曾經有過把黑格爾體系加以全面批判的企圖。他們的反對黑格爾及互相反對，都局限於各人從黑格爾體系抽出片面來，回過去反對整個體系及別人抽取的片面。開始時

註二：Voraussetzung平常當作理論的「預先推斷」解，馬克思用作發展過程進行的實際條件，在資本論裏，英文常譯爲pre-requisite，但在早先的著作裏，沒有給此充分的意義。馬克思在此處用作哲學名辭而加以新的物質內容。

他們抽取純粹的，不假的黑格爾的範疇，如「物質，」及「自己意識，」然後他們用更凡俗的名字如「種，」「單一，」「人」等等，把這等範疇庸俗化。

從斯脫勞斯起到斯鐵納（Stirner）止，德意志哲學批判的全體都限於宗教概念的批判。批評家從實際的宗教和現存的神學出發，把什麽是宗教意識，及宗教概念的眞義是什麽，作各種不同的決定。他們的進步在於把的確卓越的形而上學的，政治的，法律的，道德的，及其他的概念包括在宗教的卽神學的概念裏；和這相似，把政治的，法律的，道德的意識斷定爲宗教的或神學的意識；政治的，法律的，道德的人——最後手段的「人」——作爲宗教的，把宗教統治認爲當然。漸漸的把各種統治關係宣稱爲宗教關係，又轉化爲一種崇拜，成爲法律崇拜，國家崇拜，等等。在一切方面，它只是一種獨斷和信仰獨斷。把世界神化到極廣大的程度，最後，我們的可尊敬的聖麥克思（Saint Max）（三）把世界全體神聖化了，並且就這樣安排定當舊黑格爾派的把握。

註三：指麥克思斯鐵納（Max Stirner），因爲他把物質關係解釋爲精神關係，所以馬克思給他起一個綽

萬物，即時便把它還原爲黑格爾的論理學的範疇，青年黑格爾派的批判萬物，是把它歸屬於宗教概念，或宣稱爲神學的事物。青年黑格爾派在信仰宗教的條例，概念的條例，現存世界中抽象的一般原則的條例上，是和舊黑格爾派一致的。不過一派把這種統治當作篡奪而加以攻擊，別一派認爲合法而加以頌揚罷了。

因爲青年黑格爾派把各種意像，思想，觀念，即一切意識的產物，當做一種獨立的存在物，認爲是人們的桎梏（正如舊黑格爾派稱它們爲人類社會的眞正束縛，）這是很明顯的，青年黑格爾派祇和這等意識的幻想作戰，因爲照他們的幻想，人們的一切關係，人們的一切行事，他們的鎖鏈，及他們的限制，都是意識的產物，因此青年黑格爾派邏輯地向人提出道德的要求，須用人的，批判的或自我的意識，以替換現在的意識，由此除去限制。（四）此種改變意識的要求，無非想用別種方法來解釋現實，便是用

註四：「人的」是費爾巴哈的口號，「批判的」是鮑威爾的口號，「自我的」是斯鐵納的口號。費爾巴哈叫做「聖白魯諾」，號，叫他聖麥克思，正如白魯諾鮑威爾叫做「聖白魯諾」。

別一種解释去認識它。青年黑格爾派的觀念學者們，雖然竭力作「振動世界」的說明，實際上却是最頑固的保守者。他們當中之最近時者，當他們說到他們祇在和「辭句」作戰的時候，對於他們的行動，正確地表現出來了。可是他們却忘記了他們對於這等辭句，無非反對別的辭句，並且他們如果祇和辭句作戰，他們就沒有和實際存在的世界作戰。這種哲學的批判所能得到的唯一的結果祇是一些（而且完全是片面的）從宗教史的觀點出發的基督教的說明；一切其他的主張，不過從這等不重要的說明裏，給所謂有世界的重要性之發見作進一步的粉飾罷了。

這班哲家們中，竟沒有一個想去研究德意志哲學和德意志現實的關連，他們的批判和他們的物質環境的關連。

* * * *

我們出發的各種前題不是擅定的前題，不是獨斷，却是實際的前題，祇有在想像裏才能夠把它抽象化，這等前題是實際的個人，他們的行動，和他們生活的物質條件，包括已經存在的及由他們的行動產生出來的都在內。因此這等前題是可以用純粹的經驗方法證明的。

一切人類歷史的第一個前題當然是有生活的個人存在，因此，第一樁可以確定的事實，是個人們的肉體的構造，和因此發生的對自然其他部分的關係。當然的，這裏我們無暇講人體的構造，也不及講人類生活其中以取資料的自然條件，如地質的，山水的，氣候的等等條件，寫歷史必須從這等自然基礎，和在歷史過程中，通過人類的活動使它們發生變化出發。

人類，可用意識，宗教，或隨便你喜歡拿什麼性質去和動物區別。他們一經開始能**生產**生活資料，就開始從動物裏區別出來了。這一進步係受身體構造所規定。人類生產生活資料時，就間接生產了實際的物質生活。

人類生產生活資料的方法，第一依靠於現存的，和取來作生產用的實際資料之性質。這種生產方式不要單看作個人肉體的生產，寧可看作個人的一定形式的行動，即表現生活的一定形式，即他們的生活方式。他們的成爲這樣，一如他們個人生活所表現。所以，他們是怎樣的人，和他們的生產——生產什麽和怎樣生產——相一致。因此，個人的性質是依靠於決定他們的生產之物質條件的。

這種生產因人口的增加而出現。人口的增加必須個人間先有交通，交通的形式又受生產的決定。

各民族間的各種關係依靠於各民族的生產力，分工，和內部交通的發達，（五）此種說明已爲一般所公認。但不特民族間的關係，就是一個民族的內部機構，也依靠於生產的發展階段及內外交通的發達的程度。民族的生產力發達到怎樣，分工的程度表示得最明顯。每種新生產力，如果不祇是原有生產力的量的擴張，（例如土地的開墾）能使分工更發展。

註五：Verkehr，馬克思用交通這字的意思，帶有通商的意思。此處用交通一辭，含有基於經濟需要而往來之意。

一個民族裏的分工，最初是工業勞動和商業勞動從農業勞動裏分出，於是遂分出市鎮和鄉村，兩者之間也就有利益的衝突。進一步的發展，商業勞動又從工業勞動分離。同時分工又有進展，在這等各部門裏又有個人們協作一定種類的勞動之門類。此等個人們相互間的地位，受農業，工業，商業所用的方法所決定（家長制，奴隸制，等級，階級）。此等同樣的狀況又見於（交通更發達的）異民族的相互關係裏。

分工的發展有各種階段，所有權恰恰也有這許多形式；這就是分工裏現行的階段，決定各個人對於材料，工具，和勞動產物的相互關係。

所有權的最初形式是宗族所有權。（六）它和生產未發達階段相應，這階段的人民以打獵，捕魚，牧養獸類爲生，在最高階段裏，從事農業。農業的例子，它必須有大量未

註六：德文爲 Stammeigentum，Stemm 有家族，宗族，部落，種族等意義。這裏譯作宗族（雖然有些書上常常譯爲種族的）。又馬恩初期的著作，把家族看作社會的單位，但後來意見稍有改變，以後還要再註明。

開墾的土地。分工在這階段裏還極原始，祇限於一個家族裏自然分工進一步的推廣。所以社會機構也祇限於家族的推廣；有家長作首領；他們的下面是族人；最後是奴隸。隱藏在家族裏的奴隸制跟着人口的增多，需要的增加，對外關係的推廣，戰爭或者通商漸漸的發達起來了。

第二種形式是古代公共的和國家的所有權，通行於由於同意或由於征服聯合數個宗族而成的城市，奴隸制還是存在，在公共所有權之外，我們已看到有動的，後來又有不動的，私有財產發達起來了，但還祇是一種附屬於公共所有權下面的非正式形式。公民們祇有在公共關係上有支配從事勞動的奴隸之權，並且在這關係上，他們就必然屬於公共所有權的形式。於是強迫主動的公民，停留在自然形式的聯合上以支配奴隸，是由於公共的私有財產的作用。因這緣故，建築於公共所有權的全個社會機構，及人民關於公共所有權的權力，跟着不動的私有財產的發展而崩潰。分工已經更發達。我們已經看到市鎮和鄉村的對立；後來有代表市鎮利益和代表鄉村利益的對立，在鎮裏，又有工業和海外商業的對立。公民和奴隷間的階級關係這時候已完全發達。

這種整個的歷史概念，分明和征服的事實相矛盾。一直到現在，人還把暴力，戰爭，掠奪，搶刼，屠殺等等認爲歷史的推動力。在這裏，我們祇能講到幾個主要點爲限，所以祇能舉出一個顯著的例子——即舊文明被未開化人民破壞，結果建設了完全新的社會組織。(羅馬和未開化人；封建制度和高爾人；東羅馬帝國和土耳其人。)在侵略的未開化人方面，如上面所講，戰爭本身，還是交通的正則形式，當人口增多，因此需要新的生產法以替代傳統的，(僅這樣才有可能)粗陋的生產方法時，這種交通方式也愈要被利用。然而意大利却不是這樣。地產的集中(原因不僅由於購買和欠債，又由於繼承，因爲放浪生活流行，結婚的少，舊家族滅亡，他們的財產逐落於少數人的手中)和田地變爲牧場(原因不僅由於今日還在發生作用的經濟勢力，實又由於搶來的和進貢的穀物輸入，結果，意大利的穀物不需要了，)以致自由的人民差不多全部消滅。就是奴隸也一批批的死去，新的奴隸又增補進去。奴隸制仍然是整個生產體系的基礎。地位介在自由民和奴隸中間的平民終於脫不出游民的模樣。羅馬的確不外乎一個城市，和各省的關係差不多完全只是一種政治關係，所以也很容易被政治事件所打破。

私有財產的發展裏，我們看到和近代私有財產裏相同的狀况，不過近代規模更擴大罷了。一方面，私有財產的集中，羅馬極早已經開端（如利西尼農律所證明（七）），自從內戰以後，特別在諸皇統治下的時候，進步極快；在別一方面，和這相配合，平民的小農化爲無產者，然而他們祇夾在有產的公民和奴隸的中間，不會得到獨立的發展。

第三種所有權形式是封建的即等級（八）的財產。如古代從市鎮及市鎮的小土

註七：利西尼農律（Licinische Ackergesetz），紀元前三六七年通過，限制一個羅馬公民能保有的公共土地的量，是羅馬私有財產長發起來的記號。

註八：Standisches Eigentum，此種財產與所有者所屬等級不可分離。

地出發中世紀是從鄉村出發的。出發點的不同，由於那時候的人口稀少來決定，稀少的人口分散在廣大的地面上，從征服者方面也得不到大量的增加，所以封建的發展，和希臘及羅馬相反，是擴張於更廣大的田地之上，這受羅馬的侵略，和因此而來的擴張農業之準備的。羅馬帝國衰落的最後幾世紀，及遭未開化人的侵略，破壞了許多生產力，農業衰頹了，工業因缺乏市場而衰落，商業消滅了，或遭暴力的破壞，鄉村及市鎮的人口也都減少。從這等狀況，及由這等狀況決定的侵略組織的方法裏，封建財產遂在日耳曼軍事影響之下發展起來，它和宗族的及公共的所有權相像，也以公共組織爲基礎，但是相對立的直接的生產階級，不像古代公共組織似的奴隸，卻爲服奴役的小農。到了封建制度充分發達時，卽刻和市鎮發生對立了。土地所有權的階級體系，和侍衛們的武裝團體，給予貴族統治農奴的權力。此種封建組織，和古代公共所有權一樣，是鎮壓被統治的生產階級的一種聯合；但聯合的形式及和直接生產者的關係是不同的，因爲生產條件不同的緣故。

此種土地所有權的封建組織，在市鎮裏，有行撝財產，商業的封建組織和它相應。這時候，財產主要是包含在各個人的勞動裏的。爲了聯合對付有組織的強盜貴族的必要，在工業者同時兼商人的時代，公共的隱蔽市場是需要的，逃走的農奴擁入繁榮起來的市鎮發生競爭，封建機構的遍於全國，這等原因連合起來，遂產生了各種同業公會。更進一步，個人的手工業者漸漸積下資本，和他們人數的固定，因對抗增加起來的人口，遂發生夥計和徒弟的關係，這關係，在市鎮裏產生了和鄉村裏一樣的階級組織。

封建時代的主要財產形式，一方面是土地財產和連帶的農奴勞動，一方面是個人勞動和支配夥計勞動的小資本。這二種組織是由生產狹小的條件——小規模的原始的耕種，和手工業式的工業——所決定的。在封建制度全盛時代，分工還未發達。各土地有市鎮和鄉村的對立，等級的分別是很明顯的。但除了在鄉間分王公，貴族，僧侶，農民，及市鎮上分主人，夥計，徒弟及短工之外，別無重要的分別。在農業方面，因爲小土地制度，分工難以發展，但在農人的家庭工業中却像別種要素的存在着。在工業方面，個人交易沒有分工，要是有也很小。在較古的市鎮上，工業和商業已經分離；在較新的市鎮上，隨後才發達起來，卽在到了市鎮和市鎮之間發生相互關係的時候。

較大的土地聯合而成一封建國家，對於地主貴族及市鎮的存在都是必要的。因此，統治階級，卽貴族的組織裏，上面都有一個皇帝。

所以，事實是：以一定的方法從事於生產活動的個人們，就走進此等一定的社會的及政治的各種關係裏。經驗的觀察必須在各個例子裏，經驗地，一點沒有神祕和空論的，指出社會的和政治的機構和生產的關係。社會機構和國家是漸漸的從一定的個人們之生活過程發達起來的，但不是他們或別人的想像裏能夠表現出來的那樣個人們，他們却是實際存在的；這便是：他們是有能力的，能物質地生產的，並且能在離開他們的意志而獨立存在的一定的物質限制，前題，及條件之下活動着的個人們。

觀念，意像，（九）意識的產生，最初就直接和人們的物質活動，物質交通及實際生活上的言語，互相交織的。意想，思想，即人們的精神交通，在這時期，也就是他們物質行動的直接流露。像表現在人民的那些政治，法律，道德，宗教，形而上學的言語裏之精神產物，亦是這樣。人們是意像，觀念等等，等等的生產者，但是這實際的，活動的人們，受一定發展程度的生產力，和與之相應的交通之限制，一直到最遠的形式。意識無非是自覺地存在，人們的存在，就是他們實際的生活過程。如果在一切觀念體系裏，人們和他們的環境像在暗箱裏（十）那樣倒轉的，那麼此種現象，從他們歷史的生活過程裏發生出來，和從肉體的生活過程中，物事在視網膜上倒轉的一樣多。

這里和德意志哲學直接相反，它是從天降到地上的，這里卻從地升到天上。這便

註九：德文 Vorstellungen，字典上有概念，心象等意義，普通譯為表象，英譯本譯（conception），今譯意像。

註十：中世紀晚期的一種器具，用鏡把景緻的像投射在一個平面上，藝術家多用之以確定自然物或景緻的部位，現在紙上的像是倒立的，但用透鏡可以校正。

是說：我們不從人們說什麼，想像什麼，意想什麼出發，亦不從說到的人，想像到的人，意想到的人出發，以達到血肉的人們。我們是從實際的，行動的人們出發的，並且從他們實際生活過程的基礎上，來說明觀念體系的反映的發展，和此種生活過程的回音。人們腦中構成的各種幻想，亦必然爲物質生活過程之昇華，此種物質生活過程是可以經驗地證明，並且屬於物質的前題的。道德，宗教，形而上學，一切其餘的觀念體系和它們相應的意識形態，決不會有獨立的形相。它們沒有歷史，沒有發展，祇有人把物質生產和物質交通發展起來，循着此種實際的存在，更變他們的思想及思想的產物。不是意識決定生活，却是生活決定意識。（十一）在第一種論事的方法裏，以意識（當作生活的個人）爲出發點；在第二種裏，出發點是實際生活的個人，他們是確實生活着的，把意識完全看作他們的意識。

註十一：後來馬克思在政治經濟學批判裏有相似的話：「決定人類的存在的不是他們的意識，相反地，決定他們的意識的却是他們的社會的存在」

這種論事的方法不是沒有前題的。它從實際的前題出發，而且沒有一分鐘放棄它們。前題就是人們，不是任何幻想地孤立的或抽象的界說中的人，却是在一定的條件下面，實在的，經驗上很容易知道的在進行發展的人。此種活動的生活過程一經說明，歷史便不是死事實的搜集，像經驗論者們所做那樣（他們自己亦是抽象化的），亦不是想像的主體之想像的活動，如唯心論者們所做那樣。

在現實生活裏，理論完結的地方，眞實的，積極的科學就開始，即開始人們的實際行動，發展的實際過程的敍實。關於意識的空談停止，眞實的知識便起而代之。到了敍述現實性時，當作活動性的獨立分枝的哲學就失了存在的餘地。充其量，起而代之的祇是最一般的總結論，即觀察人們的歷史發展得來的抽象物。離開了實際的歷史來看，此等抽象物本身是一點沒有價值的。它們的用處祇是使史料容易排列，指出分離的各階層的次序。但是它們沒有供給一種藥方或方案，像哲學一樣，能夠把歷史的時代編排得整齊。相反的，我們的各種困難，在於開始觀察和排列歷史資料的時候（眞實的敍述）這資料屬於是過去的時代，還是現代的。這時困難的排除，却受前題的限制，這些前題這裏不能舉出來說明，祇要研究各時期的實際生活和各個人的行動便能夠證明的。我們要在這裏選取若干這等抽象物，用以反對觀念學者們，並且用歷史的例子來說明他們。

〔1〕 歷史

因爲我們這裏所講的是不顧前題的德意志人，所以必須開始說明以有人們存在爲第一個前題，即一切歷史的最初前題，這前題就是人們必須有一塊地方生活着，才能夠「造歷史。」但是生活，在一切事情的前頭，必須吃，喝，住，穿，及許多別的事情。所以第一件歷史行動就是生產滿足這等需要的資料，即物質生活本身的生產。眞的，這是一種歷史的行動，一切歷史的基本條件，在今日，和在許多千年前一樣，每日每時，爲了維持人們的生命，必須這樣做，便是把感覺世界縮到極其小，像在聖勃魯諾(Saint Bruno)(十二) 眼中，成了一枝的手杖一樣，亦必須有產生手杖的行爲。所以無論什麼歷史理論裏，第一件必須的事情是觀察這種基本事實，一切它的意義，一切它的應用，和認識它應有的重要性。這是很顯著的，德意志人從不曾做過，所以他們對於歷史從不曾得到過地上的基礎，結局也就是他們從不成爲一個歷史家。法蘭西人和英吉利人，縱使他們接受所謂歷史的這種事實的關係是非常片面的，特別是他們停留在政治觀念體系的圈套裏經過很長久的時候，然而曾經做過最初的企圖，給予寫歷史的一個唯物的基礎，開始寫公民社會，商業，及工業的各種歷史。

第二個基本要點是：需要一經滿足（這包含滿足需要的行動和工具的獲得），便會發生出新需要，此種新需要的產生是第一個歷史的行動。這裏我們立刻看出德意志人的偉大歷史智慧的精神祖先，當他們跑出物質，和他們不能安排神學的或政治的，或文學上的末屑時，他們實在沒有寫下什麼歷史，只發明了「史前的時代」。然而，他們並沒有對我們說明我們怎麼樣從這種無意義的「史前」到歷史時代；雖然

註十二 勃魯諾鮑威爾（Bruno Bauer）的綽號。

在別一方面，在他們的歷史理論裏，他們以特殊的熱烈去攫取這「史前」，因爲他們想像起來可免掉和「生硬事實」牴觸而得到安全，並且同時他們可以發揮他們的理論衝動，造出和打倒成千的臆說。

第三種情形是人們從極早的時候跑進歷史的發展裏；他們便每日再造自己的生命；就是開始製成人，繁衍他們的種族：男人和妻，雙親和子女間的關係就是家族。家族最初是唯一的社會關係，（十三）後來，需要增加，創造了新的社會關係，人口增加，就增加了新需要，成爲一種從屬的關係了（德意志當除外）隨後必須用現成的經驗的資料＊來處理，來分析，不能照「家族的概念」，像德意志所習慣那樣做了。這等社

註十三起初，馬克思以爲家族是社會中原始的單位，後來與恩格斯共同認家族爲社會發展的產物了。參看恩格斯家族私有財產及國家的起源。（第一版，一八八四年。）

＊各項房子的建造，野蠻人每一家族有自己的洞穴或茅屋，像游牧種族的各家族的篷帳一樣。私有財產愈加發展，此種分開的家庭經濟也愈成爲必要。在農業人民，公共的家庭經濟正像土地不能共公耕種一樣不可能。市鎭的建造起來是一個大進步。然而在一切以前的時期消滅個人經濟（和消滅私有財產是

會活動的三方面，當然並不起於三個不同的時期，却正如我們所說過：這三方面，或者使德意志人清楚些，說這三個「摩門脫」（十四）是同時存在的，自從歷史的曙光時代和初人時代起，直到今日的歷史中還是這樣的。

生活的生產，包括自己從事勞動的生產，和生殖當中新生命的產生，於是發生了二重的關係：一方面是自然的關係，他方面是社會的關係。所謂社會，我們的了解是：不管在什麼條件下面情形怎樣，和爲了什麼目的，祇要幾個人共同協作都是的，由此可

分不開的，）不可能的簡單理由是由於支配它的物質條件不存在。建立公共的家庭經濟必須機器很發達，能利用自然力和許多別種生產力的發達——例如水的供給，煤氣，燈，蒸汽熱等等，及除去市鎮和鄉村的對立。如果沒有這等條例，公共經濟不能成爲一種新的生產力，沒有各種物質基礎而安放在純粹理論基礎之上，它會成畸形的結局無非成了出家人的經濟（monastic economy）——這可以從形成鎮和爲了各種一定的目的（監獄，營房等等）而造起公共建築物裏看出來的。要消滅個人經濟，和消滅家族不能分離，是自明的事情。

註十四：moment，哲學用語，意思爲「決定的主動因素。」

知：一定的生產方式，卽工業階段，常常和一定的協作方式卽社會階段相一致，並且此種協作方式本身便是「生產力」。又，社會的性質受人們所操縱的多量的生產力所決定，所以，「人類的歷史」必須和工業及交通的歷史一起去研究，一起去處理的。但是這也是很明白的事情，爲什麼德意志不能寫這樣的歷史呢，因爲不但德意志人缺乏必需的理解力和材料，並且還缺乏「感覺的證據」，因爲過了萊因河（Rhine）（十五）你就得不到一點這等東西的經驗，因爲歷史已經停止發生事情。這是十分明白的，從開始的時期，人們彼此之間就存有物質的關係，這關係，由他們的需要和生產方式所決定，生產是和人類同樣古老的。不過這種連系不絕的在改變新形態，由此呈現的「歷史」，和無論什麼政治或宗教的想把人們在這一方面結合起來的胡說是沒有關係的。

祇有現在，既考察了四種摩門脫，卽基本的歷史關係的四方面以後，我們才看到

註十五：指德意志，因馬恩寫德意志的觀念體系是在不會塞爾寫的。

人們又是有「意識」的，但是這意識，不是天生的，不是「純」意識。從開始的時期起，「精神」已經受到和物質糾纏的不幸，它以一層層的振動的空氣形式出現，這就是聲音，簡單的說，就是言語。言語是和意識一樣古老的，言語就是實踐的意識，它因爲有別人存在而存在，因此，也就是一經開始便同樣又爲了我自己；因爲言語，和意識一樣，是因了需要，即必要，和別人交通而起來的有關係存在，必定爲我而存在；動物不會和任何東西發生「關係，」也不會有什麽關係。因爲動物，它和別種東西的關係，並不成爲一種關係。所以意識最初就是社會的產物，祇要人類存在，它總是這樣。當然，意識最初祇是涉及直接的感覺環境之意識，和正在自覺起來的個人對別人及外邊的東西作有限關係之意識，同時它也是自然的意識，自然最初對於人類好像完全是外在的，全能的，和不可捉摸的力量，人和它的關係，是純粹動物的，並且像獸類一般的被他懾服；這純然是動物的自然意識（自然宗教）。

我們在這裏立刻可以看出：這種自然宗教，即對自然的動物行爲，是被社會形式所決定的。反過來亦然。這裏和在他處一樣，自然和人的同一性是這樣表現着：人們對自然的局限關係決定了人們彼此的局限關係；他們彼此的局限關係又決定了人們對自然的局限關係；因爲自然還不能歷史地被改變；在別一方面，人有和週圍的個人集合起來之必要的意識，就是意識的發端，因爲人是生活在社會裏面的。在此時期，此種開端，和社會生活，都是像動物的，它祇是羣的意識，這時候人和羊的區別，祇在於這一事實：人以意識代替了本能，或者他的本能是有意識的本能。

這種像羊的意識，即宗族的意識，因了生產活動增加，需要增加，得到發展和擴大，並且這等的基礎，是人口的增加，（十六）因了這些，遂發生分工，最初沒有別的分工，祇有性行爲的分工，隨後依照了自然的性質（例如體力），需要，偶然，等等，等等，「自然地」（十七）發生了分工。但直到物質勞動和精神勞動的分別出現的時期起，才有眞

註十六：別處又說明人口的增加，亦賴彼此的交通。

註十七：馬克思所謂自然意義不甚確定，此處所用是指前資本主義時期的經濟發展，分工是以體力等自然性質決定的

正的分工。從這時期以後，意識才能在生存的實踐意識之外，自己構想了。那就是沒有感到什麼眞實的東西，而能夠眞實地想些什麼了；從此以後，意識已把自己從世界解放出來，並且自己能夠構成「純」理論，神學，哲學，倫理學等等。但是便是這些學說，神學，哲學，倫理學等等也會和現存關係發生矛盾，不過它祇見於這種事實的結果，即現存的社會關係和現存的生產力發生矛盾。又這種情形，通過矛盾的表現形態，也能夠見之於有關係的特別的民族範圍中，它不在民族的領域之內，却在這民族意識和別民族的實踐之間，便是在民族和民族的一般意識之間。

又，意識能獨立有所作爲是十分非物質的：我們從一切這等垃圾堆中，祇能得到這樣一個結論，即生產力，社會狀況及意識這等三個麼門脫，彼此可能而且也必然會發生矛盾，因爲有分工，遂有這可能，而且事實上精神的和物質的活動——享受和勞動，生產和消費——加於不同的個人，要使不發生矛盾的可能性，祇有取消分工。又，這是自明的道理，「鬼魅」「約束」「高級的存在物」「概念」「遲疑」都是唯心的，精神的表現，分明是孤立的個人的意像，經驗的鐐銬和限制的想像，生活的生產方式，和它相關連的交通方式，則在其中運動着。

一切這等矛盾，都由於分工，分工本身則以家族中的自然分工，和把社會分爲彼此對立的個別的家族爲基礎有分工同時便有分配，並且的確，勞動和它的產物都是不平均的分配，（在量和質兩方面）於是遂有財產：這核心，即最初的形式，是在於家族，家族裏的妻和小孩，是丈夫的奴隸。這種家族裏隱藏着的奴隸制，雖然還是雛型，但就是最初的財產，便在這樣的初期，它已經和近代經濟學者叫它做支配別人勞動力的力量這種定義完全相合了。又，分工和私有財產是相同的表現形態，分工是指這一件事情的活動，財產是指活動的產物。

又，分工使分離的個人或各人的家族的利益和一切個人（彼此相交通的）的公共利益發生矛盾。並且，這是的確的，這種公共利益不祇存在於想像裏，像所謂「公善，」它是極現實的，是存在於各個人間的互相依存中，他們是分工的。最後，分工給我們最初的實例：人們祇要停留在自然社會（十八）裏，怎樣特殊利益和公共利益的分裂是一逕存在的，所以活動就一逕不是出於自願，而是自然地分開的，個人自己的行動變成和他對立的外力，他不能操縱它，反而受它的役使。因爲勞動一經分配開，各人就有一個特殊的，固定的活動範圍了，強迫着他，使他無法逃脫。他是獵人，漁人，牧人，或者批評的批評家，如果他不願意失掉生活資料，祇好這樣做下去；如果在康敏社會裏，沒有人會有一定的活動範圍，各人在各部門中都可隨意地做，社會統制了一般的生產，因此我今天可以做這事，明天可以做別的，早晨打獵，午後捕魚，晚上養牛，大餐後作評論，照我的心思，用不着一逕做獵人，漁人，牧人，或批評家。

這種社會活動的結晶化，把我們自己所做的東西，固結成爲一種客觀的力量，駕於我們之上，長出我們的管轄之外，破壞我們的期望，消滅我們的計算，這一直到現在

註十八：在前面有一處，曾講到資本主義社會以前的時期，這時候分工以體力，需要，偶然等來分的。此外所謂「自然」社會，卽特殊利益和一般利益分裂的社會，是指有計劃的康敏主義社會以前的社會。

爲止，是歷史發展的主要因素之一個。並且，正從這種個人利益和公共組織的利益的矛盾出發，公共組織就取獨立的形態而成爲國家，它和眞實的個人利益與公共組織的利益離開，同時作爲一種幻想上的公共生活，它的基礎却依存於各家族和宗族集團的眞實連繫上（如肉和血，言語，大規模的分工，和別的各種利益）特別基於隨後還要較詳細講到的階級，它已由分工來決定，每羣人羣就這樣分開來，並且其中的一個階級支配了其他的階級。從這兒發生了一國之內的各種鬥爭，民主政治，貴族政治，君主政治間的鬥爭，要求選舉權等等等等，的鬥爭，都不過是幻覺的形態，其中眞實的鬥爭是各個不同的階級間在爭鬥。（關於這個，德意志的理論家絲毫沒有說起，雖然他們在德法年刊（十九）及神聖家族（二十）裏已經得到充分的指導。）

註十九：Die Deutsch Franzosischen Jahrbucher，一八四四年巴黎出版，馬克思與路格任編輯，但後來不續出下去。論文有馬克思的論猶太問題，黑格爾的法律哲學批判等。

註二十：全書名爲神聖家族即批判的批判之批判（Die Heilige Familie oder Kritik der kritechen

還有，爭統治權的各階級，如果它的支配是要廢止全部的舊社會形式，和統治權本身，像無產階級正是這樣的，那麼必須首先自己取得政權，以便把自己的利益成爲公共利益一樣表現出來，這是它第一步必然須做到的。正因爲個人們僅僅尋求他們的特殊利益，這種利益和他們的公共利益不相一致（因爲「公善」祇是公共生活的虛妄形式），所以公共利益的對於他們，像是「外來的，」是離他們而「獨立的，」其本身爲特殊的，固有的「公共利益」或者他們像在民主政治裏一樣，必定要在這種對立裏相對，(二十二)又在別方面，這等特殊利益的實際鬥爭，常常和公共的及幻想的公共利益現實地相反背，於是，必須以國家的形式的幻想的「公共利益」施以實

Kritick)，馬恩合著，實際上差不多爲馬克思所著，因爲恩格斯此時在寫英國勞動階級狀況。一八四五年出版，是批評青年赫格爾派勃魯諾鮑威爾兄弟等人的著作。因了勃魯諾等唯心的見解，馬克思稱之爲聖勃魯諾等，並因此稱他們兄弟們等爲神聖家族。「批判的批判」是指他們的哲學，故說卽批判的批判之批判。Frankfurt 出版。

註二十一：原文不完全。

際。的調停和節制。社會力，就是複雜的生產力，是因各個人分工必須合作而發生起來的，是現在個人的面前，因爲各人的協作並非出於自願，却起於自然，並非由於他們自己聯合起來的力量，却像由於存在於外面的外力，它的起源和結局，他們全不知道的，他們因此不能統制它，而且相反，這力量却能不依靠人的意志和行動，通過特別系列的現象和階段，不，它倒是意志和行動的基本統制者。

這種「分離，」(二十二)(用這名辭，哲學家們應當能了解，)當然，如要消滅，祇有二個實際的前題，要它成爲「不能容忍的」一力量，即人們對它發生革命的力量，就是必須使大羣的人成爲「無產，」並且同時，現存世界的財富和文化發生矛盾，這二者，

註二十二：原文 Entfremdung，英文譯作 estrangement 亦譯「自我疏外」。黑格爾謂社會的發展係取絕對觀念自己發展的方式，由於心投射入物裏，即心自己分離而成物質的形式，經過心和已分離的形式間的鬥爭，遂產生更高級的形式。馬克思的著作裏也用這名辭，充實了新的內容，是指社會的分裂成階級，例如他說，要消滅自己分離，必須消滅私有財產。又如在神聖家族的第四章裏說，有產階級和無產階級是代表了同樣的人間的自己分離。

必須以生產力的大量增加，和它的高度發展爲前題。在別一方面，這種生產力的發展(這本身包含着人們在世界史中的，不是地方歷史中的實際經驗的存在)正是實際前題所極對需要的；第一，理由是沒有它，祇有缺乏成爲普遍化，因了缺乏，遂引起必需的鬥爭，一切舊的齷齪事業必然再產生；第二因爲祇有跟隨生產力的普遍發展，人們之間遂成立了普遍的交通，於是一切民族裏同時都發生了「無產」羣衆(普遍競爭)的現象，使各民族都依靠別民族的革命，結果世界史的經驗地普遍的個人們替換了地方的個人。如果沒有這，(一)康敏主義也祇能作一個地方事件而存在；(二)交通力不能普遍的發展，以造成不能容忍的力量，他們會停留在鄙陋的迷信的狀況中；並且(三)因了各處交通的擴張，會把局部的康敏主義消滅。(二十三)經驗上，康敏主義祇有支配人民「一齊」即同時行動才可能，先前必須有生產力普遍發展和世界的

註二十三：這話是照原始共產社會的情形而論，可以得出這樣的及以下的推測。但後來情形改變，事情就會不同，但這都無損於馬克思的推測和後來不同的辦法的。

交通隨伴在一起。爲什麼要是不然，財產會曾經有一個歷史，會得到不同的形式，並且，例如地產，會照不同的前題，法蘭西從小地區集中於少數人手中，在英格蘭由集中於少數人手中，分散爲小地區，像今日的樣子呢？（二十四）或者爲什麼商業，這不過是不同的個人及國家間的產物的交易，却會通過求供關係而支配全世界的，——這種關係，據一個英吉利的經濟學者說，它像古代的命運一樣，飛翔於大地之上，用了看不見的手腕把幸運和不幸分配給人們，把有些帝權建立起來，有些帝權倒掉，使有些民族與起來，別有些消滅——到了私有財產的基礎消滅，隨伴着生產用康敏主義的調節方法（這裏並包含着人和他們自己生產間的分離性的毀滅）求供關係的力量就消滅於無形，而人會拿交換，生產，他們的相互關係的方法，又歸於他們自己的統制之下呢？康敏主義在我們看來，不是一種預備把它來建立的固定狀態，或一種預備把現

註二十四：法蘭西和英格蘭似應互換，因爲馬克思在資本論第二册上有關於地產史的傑作，說英格蘭從多數人手中到少數人手中。

實造成這樣子的理想，我們叫做康敏主義，實在是一種實際運動，是要把一切現狀消滅。這種運動的條件是從現存的各種前題得來的。還有，世界市場之前須有大羣的無產工人，——勞動力也像大衆一樣，從資本和甚至從有限的營生裏切離——所以，勞動不復祇是不安定性，勞動本來不能給人保證生活，是常常因競爭而失掉的。因此，無產階級祇能夠世界史地存生着，正如康敏主義一樣，它的運動，祇能夠「世界史的」存在。個人們的世界史的存在，就是個人們的存在和世界的歷史直接相聯系起來。

交通的形式，係受一切以前歷史時代既存的生產力所決定，回過來決定這些的，是公民社會(二十五)從我們前面所講的話，已經可以明白：公民社會有它的各種前題

註二十五：公民社會，原文作 Burgerliche Gesellschaft，常被譯爲資產社會，但原意思是「文明社會」，即指有政治，法律等等的社會，和「自然的」即原始社會相對待。在十八世紀資產者的理論家提出來以攻擊阻礙私有財產自由蓄積的威權。如後來調整個人間關係的法律稱爲民法，調整國家和公團體間的法律叫做公法，可以看出這裏所指是公民社會。亦譯作市民社會。

和基礎，單純的家族和複雜的家族，卽所謂部落，它的更確實的決定分子，我們在前面已經都說過了。這裏我們可以看出這種公民社會爲什麽是一切歷史的眞實源流和戲臺，和一向存在着的歷史概念，忽略眞實的關係，而把自己局限於帝皇和政府的誇大事件，是何等無意義。公民社會包括生產力發展到某一階段裏的個人間全部物質關係，它包括這時期的全部商業的和工業的生活，並且超越於國家和民族之上，雖然在別一方面，它對外來人民必說明自己是國民，對內，必須把自己組成一個國家。「公民社會」這名辭是十八世紀產生出來的，這時候，財產關係已經從古代及中古代的公共社會解放出來。所以，公民社會必然和資產階級是一起發展起來的；社會組織是直接從生產和商業發展起來的，在一切時代，這是國家和其餘一切理想的上層建築的基礎，然而一逕用着相同的名辭。

〔2〕 關於意識的產生

在歷史上，直到今日，這的確是經驗的事實：分散的個人，他們的活動是在跟着擴大爲世界史的活動而愈加愈加在外力之下變成奴役（他們所感受的這種壓力爲一種汚濁的詭計，屬於所謂世界精神的一部分的）這種外力，漸漸擴大，最後成爲世界市場。這也正如經驗的已成事實一樣，現存的社會狀態，被康敏主義的革命（下面還要詳論）推倒後，私有財產，它本和現存社會同其性質的，也就消滅，德意志的理論家這樣少講到的這種力量就會消失；那時候，個人也就跟着歷史轉變爲世界歷史而得到解放。從上面的說明可以知道；個人的眞實的智識財富，是完全依靠在他的眞實相聯繫的財富上面的。祇有那時候，各個人能夠從國家及地方的隔閡裏解放出來，和全世界的物質產物及智識產物實際的聯繫起來，並且得到了能夠享受全地面（人的各種創造）全部生產物這種容量的地位。世界的依賴，這是個人世界史地協作之自然形態，能因康敏主義革命而轉變爲此等力量的調整和有意識的統制，此等力量本因人間彼此相關係的活動而產生的，直到現在爲止，還完全是外來的力量，威脅着和統治着人們。現在這種意見也可以被空論的，唯心論的，即幻想地稱之爲一種物的自然發生，」(「社會當作主觀，」)於是互相關係的個人系列也可被認為單獨的個人，成了自己發生的奇蹟。這是很明白的，個人的確彼此相創造，無論在身體上或精神上，並不像聖勃魯諾所胡說的自己創造自己也不是作「單一的，」「造成的」人講的。(二十六)

我們的歷史概念依賴于我們能夠解釋生產的眞實過程的才能，從生活的單純的物質生產出發展開到和這相關連的和被這所創造的交通形式(卽各時代的公民社會)作為歷史的基礎；又，指出它成為一個國家的活動；並從這裏出發，以說明各項理論產物的全體，及意識，宗教，哲學，倫理，等等，等等的各形式。再根究它們的起源和生長，用這方法，當然可以從它的全體性裏指明全部事情了。(並且也就可以指出各個不同方面的相互作用。)這不像歷史的唯心觀那樣，從各時代去找尋一個範疇，却是始終立在歷史的眞實基礎上面的；不從觀念去解釋實際，却從物質的實際去解釋

註二十六：勃魯諾鮑威爾和麥克斯斯徹納的見解。

觀念的形成。由是得到這樣的結論：即各種意識的形態和產物不能被精神的批判所消滅，把它們消解爲「自己意識」或者變化爲「妖怪」「幽靈」「幻想」等等，祇能用實踐打倒產生這種唯心論的胡說之實際社會關係；即不是批判，祇有革命是歷史的推進力量，對於宗教，哲學，及一切其他的理論形式也是這樣。這是表明歷史並不是祇要消解爲「自己意識」作爲「精神之精神」就告終結的，其實在歷史上，各時期自有一個物質的結果：即各生產力的總和，個人們對於自然及相互間歷史地創造關係，這是每代從先輩傳下來的；各生產力的量，各種形式的資本各種條件的，確的，一方面受新世代的人所改變，他方面亦預給新世代各種生活條件給它一定的發展，一種特具的性質。這表示環境造人正如人造環境的有力量、

這種生產力，資本形式，及社會的交通形式之總和，爲各個人及世代視爲既存的固定的東西的，正是哲學家們認爲「本體」及「人的本質」的眞實基礎，他們曾把它神化，及加以攻擊；但是這種眞實基礎，哲學家們雖對它反抗，當作「自己意識」和

「唯一的，」對於人們在發展上的效果和影響，一點也不受妨害。這等生活條件，各世代都有存在着，決定着各時期反復出現的革命大變亂力量夠不夠推翻一切存在形式之基礎。如果全部革命的物質原素不存在（卽一方面是生產力的存在，別一方面是革命羣衆的造成，要改革的不祇是向來的各種社會條件，實在是要改革這「生活生產」的本身，也就是爲社會基礎的「總活動，」）那麼拿實際的發展來說無論革命的「觀念」已經顯示過一百遍，還是絕對不實在的；康敏主義的歷史會這樣證明。

直到現今爲止的全部歷史概念裏，此種歷史的眞實基礎不是完全被忽略，便是把它看做一件小事情，和歷史的行程沒有什麼關係。因此，常常依據一種外在的標準來寫歷史；眞實的生活生產似乎倒是歷史以外的東西，因是把眞實的歷史現象從日常生活分離出去，成爲超越人世的東西。人和自然的關係既被摒除在歷史之外，因此自然和歷史遂造成對立。這種歷史概念裏的典型的東西，結果祇能在歷史裏看到國王及國家的政治活動，宗教的和一切種類的理論鬥爭，特別在每一個歷史時代都分受有那•時•代•的•幻•想•之一部分。例如，好像一個時代，自己想像以爲是受純粹的「政治的」或「宗教的」動機所激發的，雖然「宗教」及「政治」祇是它的眞實動機的形式，而歷史家却承認那種意見。此等受限制的人們，把關於他們的眞實實踐的「觀念」及「意像」改變成爲絕對的，決定的，能動的力量，由它們統制和決定他們的實踐了。印度人和埃及人，隨了分工的粗陋形態，發生了他們國家裏的階級制及宗教，歷史家却相信階級制是產生這種粗陋的社會形態的力量。至於法蘭西人和英吉利人，至少雖被政治幻想所束縛，但還稍稍接近於現實，德意志人竟往來於「純粹精神」的領域裏面了，把宗教幻想當了歷史的推進力。

黑格爾派的歷史哲學便是一種最後的結果，它把一切這種德意志的歷史敍述還原爲「最精微的表現」，此種歷史的敍述不管實際，甚至亦不管政治利益，但講純粹的思想，便是聖勃魯諾看起來也不能不認爲成爲一長系列的「思想」互相併吞，最後被吞沒在「自己意識」裏。並且一樣不可免地，更論理地，這種歷史的行程呈現到聖斯鐵納的面前時，他是一點也不知道眞的歷史的，祇知道一些「騎士」强盜，和妖怪的故事的，那自然，他祇有用「不神聖」把自己從這幻想裏解救出來了。這種概念，的確是宗教的，它把宗教的人當作爲原始人，並且在想像裏，把從幻想得來的宗教產物，去代替生活和存在的實際的生產。這種整個的歷史概念，和它的溶解物及結果產生出來的疑惑和不安合併起來，成爲純粹是德意志的民族的事情，對於德意志人是祇有地方的關切的，因爲例如，如後來處理過好幾回的重要問題一樣：我們究竟怎麼樣「從神國到人國」——好像這種神國，想像之外還曾經在什麼地方存在似的，並且有學問的紳士們沒有感覺到，還不曾居住在「人的國」裏，現在要找尋去的路了。又好像解釋此種理論上吹泡沫之神祕的拿手好戲（因爲不過是如此）原不是相反地，要在實際的，地上的條件，來說明它的起源的。

這些德意志人，常常總是把早先的作家的胡說，解說成爲另一種想入非非，因爲認這等胡說必定有一種意思存在着，可以發見出來；實際上，是要把這種空議論，用實際上的生存狀況來加以解釋的問題，把這等空話實在地實踐地消除，把這等意見從人們的意識中除去，我們前面已經說過，只有把環境加以改造，才有效果，不是用理論的演繹的。因為人們的羣衆，便是無產階級，這樣的理論意見並不存在，也無須去消除，如果這一羣衆曾經有過任何理論意見，例如宗教等等，也已早被環境消除掉了的。這等問題及消除法的純粹民族性，又這樣表示出來：這班理論家們曾竭誠相信像「神人，」「眞人」一那樣的想像，眞的曾經存在各個歷史時代（聖勃魯諾甚至深遠到說「祇有評判和批評家製造歷史，」）．當他們構造一個歷史系統時，他們極快的跳過一切早先的時代，從蒙古主義卽刻渡到「意義充實」的歷史，那就是說哈爾年刊及德意志年刊的歷史（二十七）並且把青年黑格派爾消溶在一般的爭鬧裏他們忘記了

註二十七：哈爾年刊（Die Hallischen Jahrhucher），一八三八到四一年，出版於來比錫。德意志年刊（Die Deutschen Jahrbucher）繼前者之後，一八四一年到四二年，為青年黑格爾派的主要機關報，均由盧其（A. Ruge）編輯。

一切別的民族，一切眞實的事件，把世界的戲台局限在來比錫的書店裏及「批判」「眞人」和「唯一的」互相爭鬧裏。

如果這班理論家們，眞實地處理歷史的題材，例如十八世紀，他們只能寫出時代的觀念的歷史，和各種事實及觀念的實際發展之基礎是分裂開的，並且這樣，也祇能把觀念提供出來，以表明一個未完成的前期，卽眞實的歷史時期還受限制的先驅，卽從一八四〇到一八四四年，德意志哲學的鬥爭時期，這是料想得到的，如果寫早期的歷史，目的便懷着表揚一個非歷史人物的光耀和他的各種空想，一切眞歷史事件，甚至歷史中的政治事件，是不會提起的。於是我們就得到一種以有系統的構想爲基礎的故事，和文藝的空談，像聖勃魯諾在他的，現在已被忘却的十八世紀史裏所供給的那樣。這等觀念的浮誇，誇大的小販，自己以爲無限地超越了一切民族的偏見了，其實，實際上比夢想着聯合德意志的，飲啤酒的俗物，更其民族的。(二十八)他們不承認別民

註二十八：馬恩遺話是在說西歐的情形。伊里奇曾說過，在西歐各國的民族運動已是過去的陳迹，不能表

族的行爲是屬於歷史的；他們是住在德意志，向着德意志，爲了德意志，他們把萊茵歌(二十九)比作宗教的讚美詩，用不盜取法蘭西的國，但盜取法蘭西的哲學，不德意志化法蘭西的省，但德意志化法蘭西的觀念，以取得亞爾薩斯洛林 (Alsace-Lorraine)。佛納兌君 (三十) 和聖勃魯諾及聖麥克斯 (他們在理論的世界支配中，宜稱德意志爲世界的支配者) 相比，是世界的人了。

從以上的各項議論可以明白費爾巴哈是何等迷誤，當他 (在危廿德季刊第二卷，一八四五年出版) 說明「公共人」的資格時，他稱自己爲康敏主義者，遂把這主義者變成了「人」的賓辭了，這字的本義是指一定的革命黨的黨員的，由是他以爲

現出進步的作用了的……在半殖民地及殖民地國家裏的民族運動，比在東歐還要後起，還要年輕，此處指斥「民族的」一節，不能拿德國和中國同樣看待，是明明白白的事情，但這並不是說聖勃魯諾等「支配世界」的意見有可取之處。

註二十九：指德國國歌萊茵河的守衞(Die Wachram Ahein)。

註三十：Herr Venedey，一八〇五至七十年德國自由主義作家，曾受政府迫害。

可把「康敏主義者」這字改變爲僅是一種範疇。費爾巴哈關於人們彼此相互關係的整個演繹推理，祇能夠證明人們有所需要而且彼此經常的互相需要的。他要建立這種事實的意識，這便是說，他和別的理論家們一樣，祇求對於現存事實產生一種正確的意識；至於眞的康敏主義者問題是在推倒事物的現存狀態。又我們還可以指出：費爾巴哈在勉力造出恰恰是這事實的意識時，他跑到一個理論家所能夠的遠，而仍不失爲一個理論家兼哲學家。然而還有特色，聖勃魯諾和聖麥克斯把費爾巴哈的康敏主義者的概念放在眞的康敏主義者的位置上，——這種辦法，一部分祇是可以像對「精神之精神」，像哲學的範疇，像一個對等的反對者那樣，和康敏主義作戰，在聖勃魯諾一方面，一部分還有實用的理由。

像我們的敵人們一樣，費爾巴哈一逕承認，並同時誤解現存的現實。我們回憶起將來的哲學(三十二)中的一段話，他提出一種意見，說物或人的存在，就是物或人的本

註三十二：費爾巴哈（Ludwig Feuerback）著：Grundsatze der Philosophie der Zukunft，一八四

質，而存在的條件，生活的方法，和一個動物或人的特別活動，就是它的「本質」在其中自己感覺到滿足。這裏把各種例外，分明看作不幸的偶然，看作不能改變的變態。因此，如果幾百萬的無產者，在他們的生活條件下，不感覺滿足，如果他們的存在〔是和他們的「本質」相矛盾，那麽的確是一種變態，但不是不幸的偶然；是一種安放在十分有一定的社會關係上的歷史事實。費爾巴哈以確定這事實為滿足；他祇理解到現存的感覺世界祇有理論家對它有關係〕(三十二) 至於實際上，這在實踐的唯物論者，即康敏主義者，是改革現存世界的問題，實際上是要攻擊和改變現存事實的問題。在費爾巴哈那裏，我們如偶然看到這樣的意見，也無非是孤立的懸想，對於他的全體的看法上影響太小，除却看作能夠發育起來的胚胎之外，實在沒有什麽的。

費爾巴哈對於感覺世界的「見解」一方面限於僅是直觀，一方面僅是感情；他

三年出版。

註三十二：括弧中的文字為馬恩全集的編者所補，原稿中缺。

說的「人」不是「眞的，歷史的人。」這「人」實在祇是「德意志人。」前面的一條，卽感覺世界的直觀，他必然要停止在和他的意識及感情矛盾的有些東西上面，並且要把感覺世界的所有部分的，特別是人和自然的調和顚倒，這調和，他本作爲前提的。*如要把這些推在一邊，他必須在二重知覺中取得一個退避所，一個是世俗的，祇覺到「分明明瞭的，」一個是屬於更高的哲學，能覺到各物的「眞的本質」。他沒有看到環繞他周圍的感覺世界不是直接從一切永久的，永遠是同樣的東西來的，却是工業的和社會狀況的產物；這是眞的，在這一它是歷史的產物，歷代全體活動的結果意義內，每代都立在前一代的肩膀上，把工業和交通發達起來，依照着已經改變過的需要，以改變社會組織。就是最簡單的「感覺上確實」的客體，也是通過了社會的發達，工

*費爾巴哈的失誤，並不是在於把這分明明瞭的物卽感覺的現象，隸屬到由感覺的事實更精確的研究所成立的感覺現實上去，失誤是在於除却用「兩眼」通過哲學家的「眼鏡」去看之外，他不能夠在最後一步和感覺世界抗衡。

業，及商業的交通供給他的。櫻桃樹，和幾乎一切果樹相像，是很熟知的，由於通商移植到我們的地方還祇有數世紀，所以，祇有這種在一定時代的一定社會活動，證明了費爾巴哈的「感覺」的證據。實際上，我們如果這樣理會事物，而照它們實際存在和所見到，各種深邃的哲學問題（以後還要講得明白些）就十分簡單地解決在一個經驗的事實裏面了。

例如，人對於自然這一重要問題（勃魯諾說到「自然和歷史」的各項相對立時，好像這二者是分離的「東西」，並且人的面前並不常有歷史的自然和自然的歷史）從這裏產生了一切論「本體」及「自己意識」的高不可測的著作，如果我們了解在工業裏常常存在着各時代跟着工業或大或小的發展而來的各種形式裏存在着這種著名的「人和自然的統一」，正和在相同的基本上發展起人的生產力時，人和自然的「鬥爭」一樣，這問題就自行消失了。工業和商業，生活必需的生產和交換，它們自己決定了分配及不同的社會階級的機構，並且回過來又決定經營的方式。

所以，例如費爾巴哈在孟却斯德（Manchester）祇看到工廠和機器，在一百年前，祇有紡車和布機可以看見。或者，在羅馬的大平原他祇能看到牧場和澤地，在奧古斯都(Augustus)時代，除羅馬富豪的葡萄園和別墅之外，大概沒有東西可以看見。費爾巴哈所講的固然是自然科學方面的知覺，他所說的祕密，祇有物理學者及化學者的眼睛能夠看到。但是沒有工業和商業，那裏會有自然科學呢？甚至於這種「純」自然科學，也祇有通過貿易和工業，通過人們的感覺的活動，才有目的和材料。這種活動，這種不停止的感覺勞動和創造，這種生產，這個現在存在的全感覺世界的基礎是這樣重大，祇要停止一年，費爾巴哈不單會看出自然界要發生大改變，而且很快的會看見人類的整個世界，及他自己的知覺能力，就是連他自己的生存也都要消滅了。

當然，就是這樣，外面自然界的早先程序還是存在的，就是這樣，也不能夠應用於「generatio aequivoca」(自然發生)的原人；但這種分化，祇有在把人從自然分離開來考察才有意義。這樣的自然，是人類歷史以前的自然，並不是費爾巴哈生活在裏面的自然，也不是今日已經完全不存在的（或者祇有少數澳洲新近生成的珊瑚島除外）自然，並且，所以，這自然對於費爾巴哈是不存在的……

的確的，費爾巴哈認識爲什麽人也是一種「感覺的客體」這一點上，比「純」唯物論者是大大的進步了。但是離開事實的是他祇覺得人是「感覺的客體」，却不作「感覺的活動」，因爲他總是停留在理論的範圍裏，不從社會的關連上，不在生活的存在條件下，去理解人，人是由這些造成他們爲怎麽樣的人的，他從不會達到現實的，活動的人，却祇停留在抽象的「人」，除掉認識感情方面的「眞實的，各個的，肉體的人」外，沒有更進一步，這就是說，他祇知道「人對人」的「人類關係」有愛情和友誼，此外便不知道有其他，甚至於便是這些也是理想化了的。他對於現在的生活狀況不加批評。因此他從不會把感覺世界看做由各個體集合成的全部生活的感覺活動；所以，比方說，不看到健康的人們，祇看到一大羣腺病質的，勞動過度的，和衰耗飢餓的人，他於是被迫的在「高等感覺」及理想的「種族賠償」裏取得一個退避所，並且正是康敏主義的唯物論者看到改革工業和社會機構的必要和條件的這一點上，他退到唯心論裏去了。

當費爾巴哈沒有講到歷史時，他是一個唯物論者，他一講到歷史便不是唯物論者。在他，唯物論和歷史是完全分開的，上面所講的話，已經說明了這件事實。

歷史不過是各世代的連續，每世代利用各種材料，各種資本，各種生產力，從前代傳到後代，所以，在一方面，在完全改變過了的環境裏繼續了傳統的活動，在別一方面，又用了完全改變過了的活動去改變舊環境。這話在空論上是可以被歪曲的，說後代的歷史是在完成前代的目的，例如說亞美利加的發見有促進法蘭西革命爆發的目的，因此，歷史就有了自己固有的目的，並且成爲「人格和別的人格相並列」（即「自己意識，批評，及唯一」等等）又前代歷史的「使命」「目的」「胚胎」「觀念」這等名辭來表示早先歷史的東西，不過是形成於後代歷史，形成於前代歷史加於後代歷史的活動影響的抽象分離的區域，（本來是互相作用着的，）如在發展過程中推廣得愈遠，那麼分離的國家之原來孤立性便愈被發達的生產方式及交通所毀滅，分工也自然而然更推進，歷史也更成爲世界的歷史。例如，如果英吉利發明一種機器，印度或中國無數工人的麵包被剝奪，而使這些帝國的整個存在形式全要改變，這種發明便成了世界的事實；或者又拿糖及咖啡做例子，十九世紀因爲此等產物缺乏（由於拿坡倫大陸條例的關係，）（三十三）使德意志掀起反對拿坡倫的戰爭，就成爲一八一三年光輝的獨立戰爭的眞實基礎，證明咖啡和糖是有世界史的重要的。由此可知，歷史的變爲世界的歷史，並不是由於「自己意識」，世界精神，或任何別種形而上學的怪異的僅爲抽象的行動，却是十分物質的，經驗上可證明的行動，是一種每個人來去，吃喝，和穿衣服時都能得到證明的行動。

統治階級的思想，在各時代都是統治的思想：這種階級是統制社會物力的階級，

註三十三：亦稱本陸制（Con'inental system），一八〇六年拿坡倫第一發出命令，制定歐洲本陸聯合，和英國斷絕一切交通貿易。

同時它也統制着智力。這階級支配物質的生產手段，同時也就有節制精神的生產手段，所以，一般地說來，那些沒有精神生產手段的人之思想，是受屈服的。統治思想無他，不過是統治物質關係的理想表現，卽統治物質關係當作思想地把握着，因爲在各關係中，既然一個階級爲統治階級，所以思想是統治思想，因爲構成統治階級的個人們，在別的事物中間，還存有意識，所以在思想。所以至少在他們成爲一個階級而行統治，和決定一個時代的廣大和範圍之時期，這是自明的，他們就在全範圍內這樣做，所以，在別的事物中間，統治而兼思想者，觀念的生產者，並且調整他們時代的思想和分配；因此他們的思想是那時代的統治思想。例如在某一個時代，在一個國裏，有王權，貴族，資產階級，在爭奪統治權，因此在那裏的統治權是分裂的，分權說遂認爲統治思想，並且當作「永久定律」了。分工，在前面已經說過，直到今日，爲歷史的主要勢力之一，在統治階級裏，也表現爲精神勞動和物質勞動的分工，所以在這一階級裏一部分成爲階級的思想者（活動的，能思想的觀念學者，由他們構成爲生活法則的主要源泉之階級幻想）至於別一部分人的態度，對於此等思想及幻想是比較被動的，接受的，因爲，實際上，他們是這一階級的活動人員，少有時間去製造關於他們自己的幻想及思想。在一個階級裏面，這種分裂能夠發展到二派間某程度的對立和仇恨，然而，這種實際上的傾軋，到了階級自身要受到危險時，便自然而然的消失了。這時候，那種統治思想好像不是統治階級的思想，和好像有一種階級以外的力量這種外貌也自消失。在一定的時期，有革命思想存在；必有有革命階級存在；關於革命階級的前題，上面已經說得很多了。

現在如果考察歷史的途徑時，我們把統治階級的思想從統治階級分離出來，當它是一種獨立的存在，如果我們限定祇說這些或那些思想是統治的，不費心思去問產生的條件和這等思想的生產者，於是如果我們忽略爲思想之根源的個人及世界條件，我們會得這樣說的，例如，在貴族統治的時候，榮譽忠誠等等概念是統治的概念，在資產階級統治的時候，是自由，平等等等概念。統治階級自身整個地想像起來是這樣的。這種歷史概念，一切歷史家普通就是這樣，特別是十八世紀以後，必然會遇到這種現象：卽逐漸覺得抽象思想在作支配，卽思想在漸漸取得普遍的形式。因爲每一個新階級，取以前的統治地位起而代之的時候，祇因爲要貫澈它的目的，不得不把自己的利益表示爲社會一切人們的公共利益，作爲一種理想的形式；它就給它的思想以普遍化的形式，和把它們表示作唯一合理的，普遍正確的思想。一個階級從事革命時，開始的表現，因爲它祇反對一個階級，所以自己不當作一個階級，却作爲全社會的代表的；它表示爲全社會的羣衆在反對一個統治階級。它能夠這樣做，在起初的時候，它的利益也實在和一切其他的非統治階級的公共利益相共通的，因爲在各種條件的壓迫之下，它的利益還不能夠發展爲特殊階級的特殊利益。所以它得勝利時，利益能普及於不會取得統治地位的別階級之許多人。但是，至多它祇能夠把這等人的地位昇高到統治階級。當法蘭西的資產階級把貴族政權推倒的時候，它就使許多無產階級有昇到無產階級以上的可能，但是至多他們祇能變成資產階級。各個新階級能夠握到主權，祇因爲它比以前統治階級有更廣大的基礎，翻過來，後來非統治階級的反對新統治階級也就更其尖銳和更其深刻。這兩方面的事情決定了這事實：這種反對新統治階級的鬥爭的進行，翻過來，比之於一切以前爭取統治權的階級所能做到，目的是更加堅決，對於社會的先前的條件能更澈底的否定。

這種整個的外貌，即一定的階級的統治好像祇是一種思想的統治，那當然祇要後來社會的機構一到不再是階級統治的方式，這便是說：祇要一到不再有把特殊的利益表示作一般的或「一般利益」以作統治的時候，自然結束了。

一旦把統治思想從統治的個人分離，特別從爲一定時期的生產方法之結果的各種關係分離，由這情形可以得到一個結論：歷史是常受思想的支配的，它很容易從各種思想抽出「思想」「觀念」等等，當作歷史的統治力量，並且就這樣的去了解，把一切這等分離的思想和概念，當作歷史中發展着的這種概念之「自己決定的形式。」於是就又很自然地接續下去：人的一切關係能夠從人的概念得來，人成爲想像化的人之本質，的人。空論的哲學家們就是這樣做的。黑格爾在歷史哲學的末了，自己這樣說明：他「祇曾經研究了概念的進步，」並且在歷史裏說明了「眞的辯神論。」(三十四)現在，人們又可以回到「概念的生產者們，」到理論家們觀念學家們，和哲學家們，並且達到這樣一個結論：即哲學家們，這樣的思想家們，是歷史裏一切時代的統治者：這樣的結論，已經由黑格爾說明了。證明歷史中精神的統治（斯鐵納叫做教權制）的全部把戲，就在以下的三個戲法裏。

一，人們必須把那些在經驗條件之下，分離出來，當作經驗的個人，爲經驗的理由而統治的思想從那些實際的統治者們分出來，這樣的去認識歷史中的思想統治或幻想。

二，人們必須在思想統治裏加進一個秩序，證明前後統治思想有一種神秘的關連，這就在於把它們了解爲「概念的自己決定的行動」（這是可能的，因爲有着這

註三十四：辯神論，德文爲 Theodicee，爲論證神的正義及善之學。

些思想實際上彼此相關連的經驗基礎，又因爲被想像爲僅僅是思想，他們便成爲(自己分別，卽用思想當作它們有分別)。

三，把這種「自己決定的概念」的神祕的外貌除去，它就變爲人格——「自己意識」——或者通過物質的東西而顯出來，成爲一系列的人格，他們代表着歷史裏的「概念」，進而成爲「思想家」「哲學家」，觀念學家，又把他們了解爲歷史的製造者，爲「守護人公會」爲統治者。這樣，全部的物質元素都從歷史裏除去了，現在可以放開韁繩，讓空論的馬奔跑了。

至於在日常生活裏，每個店主(三十五)對於有些人自以爲怎樣和他實際上是怎樣是能夠分辨得極清楚的，我們的歷史家們却甚至於這一點細小的透視也還不會。他們從文字上去把握各個時代，並且相信它說到的任何東西和想像到的，都是眞實

註三十五：此處不用德文而用英文shopkeeper，英人善於經商，拿破崙曾稱英國爲「店主之民族」，此處亦許有指英國商人之意。

的。

在德意志佔着勢力的這種歷史方法，（特別是什麼理由）必須從它和一般觀念學家的幻想的關連上，例如法律家政治家（他們中間還有實際的政治家）的各種幻想，從這些傢伙的獨斷的夢想及歪曲裏去了解它；從他們生活中的實際地位，他們的職業，及分工上去解釋這種幻想是十分容易的。

[B 觀念體系的眞實基礎]

[1] 交通和生產力

物質勞動和精神勞動的最大分工是市鎮和鄉村的分開。市鎮和鄉村的對立，是開始於半開化移向文明，部落移向國家，地方移向民族，並且通過全部的文明史，直到今日（反穀物法律聯盟）。有市鎮存在，同時就有管理，警察，賦稅等等的必要，簡單的說，就有市政，並且因此一般有政治的必要了。在這裏，開始劃分人口爲二大階級，直接以分工和生產工具爲基礎。市鎭事實上是人口，生產工具，資本，快樂，需要的集中地，鄉村表示相反的事實，是隔離和分散的。市鎭和鄉村的對立祗有在私有財產存在時能夠存在。這是個人屈服於分工之下，於一定的活動勢力的最顯著的表現——這種屈服，把有種人造成爲有限制的市鎭動物，別種人成爲有限制的鄉村動物，並且他們的利益之間每日創造出新衝突。勞動在這裏是主要事件，是蓋在個人們之上的力量，祗要這力量存在，私有財產必定存在的。市鎭和鄉村間的對立的消滅是共同生活的第一等條件之一，這條件又依靠於物質前題的量上；這前題不是單有志向便能具備，是不論誰一看就能夠看出的。（這等條件以後還要講到。）市鎭和鄉村的分開，也可以了解爲資本和土地財產的分開，了解爲資本開始離土地財產獨立存在和發展——財產開始祗在勞動和交換上得到基礎。

在中世紀，各市鎭並不是從前代已成之物承受下來的，却是由解放了的農奴所新造。每人除了隨身所帶的極小資本幾乎完全祗是一些手工上必不可少的工具，各人自己的特殊的勞動力是他們的唯一財產，連續逃到市鎮中的農奴的競爭，鄉村對市鎮的連續戰爭，和因此而起的組織市鎮武力的必要，特種工作中共同所有權的連繫，手工業者同時兼爲商人的時候，必需有共同房屋以賣商品，並且，因此禁止閒人入內，各手工業的利益是有衝突的，辛苦學來的技巧有保護的必要，並且全國封建組織：這些都是各行手工業工人結合成同行公會的原因。我們在這裏不及詳細講同行公會制度的各種變化，這是通過後來的歷史的發展而起來的。

農奴一直奔向市鎮，經過中世紀沒有間斷。這等農奴，在鄉間受主人的迫害，各自來到市鎮，他們見到市鎮中有有組織的團體，他們無力反抗，祇好對於需要他們勞動者所指定的地位及有組織的市鎮中競爭者們的利益而屈服。這班分散了進去的工人們是永久不能得到什麼力量的；因爲，如果他們的勞動是同行式的，這就需要學習，行主便把他們屈服於他們的意志之下，並且照他們的利益使他們組織起來；或者，如果他們的勞動不需要這樣學習的，不是同行式的，他們就成爲做日工者，不必要組織起來，便成了無組織的散民了。市鎮上因為需要日工而創造了散民。這等市鎮是眞的「聯合會，」這由於保護財產的直接的必需和增多生產工具及防禦分散的個員而引起的。這些市鎮的散民是沒有一點力量的，個人們各不相識，分散着進來的一羣，他們一還是無組織的，和戰時武裝式的妒忌地看守他們的，有組織的力量對立着每一種手工業裏，夥計和學徒都被適合於主人的利益地組織着。他們對於主人像做兒子一般的關係，給主人以二重的力量，——一方面因為他們給夥計整個生命以影響，別一方面，因為在同一個主人之下做工的夥計們有一種眞的連繫，把他們連合在一起以對抗別個主人的夥計，使他們分開。最後，夥計們的被束縛於這種現存的秩序，單純為了他們也有成為主人的利益。至於散民，至少也發生叛亂，以反對市鎮的秩序，因為他們沒有力量，叛亂完全沒有結果，夥計們在分離開的行內也有違抗的小舉動，但從不擴大，這正因為行會的性質如此。中世紀偉大的暴動都從鄉村發生，但也同樣的毫無結果，因為農人的彼此隔離，和因此而來的性質粗鹵。

在市鎮裏，各行會中間的分工還是十分自然的，但在行會裏面，各個工人間不一定有分工。各工人都會做全部的工作，能夠做爲他的工具所能做的各種東西。各市鎮間的有限的商業，稀少的交通，人口的缺少，需要亦狹小，就不會有高級的分工，所以，各個要做主人的人都要精通他的手藝的全部。所以，中世紀的手藝工人，關心於他們的特種工作和對於那工作的熟練，於是昇高到成爲狹小的藝術感覺。然而正因爲這個緣故，每個中世紀的手藝工人完全被吸收在他的工作裏面，對於工作，他有甘心的，隸屬於它的關係，而且他的服從於這關係，遠比近代工人爲甚，近代工人對於他的工作是冷淡的。

在這等市鎮裏，資本是一種自然資本，包括房屋，手工具，及自然的，傳代的買主；因爲商業的落後，流通的缺少，資本是不能兌換現錢的，就這樣父傳給子。它不像近代的資本，近代資本能用錢估計，又能無差別地投資於這種東西，或那東西，它是和所有者的特種工作直接相關連的，分不開的，卻是這種規模的等級資本。(三十六)

分工的其次的擴大，爲生產和商業的分開，形成了一種特殊的商人階級；這種分離，在從前代傳下來的市鎮裏是一起傳下來的（和別種東西及猶太人）在新建設的市鎮裏也就很快的出現。因此，相近的市鎮遂有商業上的交通的可能性了，這可能性的實現，依靠於交通的方法，即郊外的公衆安全的狀況，須由政治條件決定的（這是熟知的事情，全個中世紀，商人是武裝結隊旅行的）但也由於可以交通的地方，粗陋的或更進步的需要（這由文化的程度來決定）怎樣。因了特殊階級所施行的商業，並通過商人，買賣推廣到城市近郊以外，於是生產和商業之間即刻發生了相互作用。市鎮間彼此發生了關係，新工具從這一市鎮運到別一市鎮，並且因生產和商業的分開，引起了個別的市鎮間生產的分工，各市鎮上即刻開了卓越的工業部門。從前的地方限制開始逐漸打破了。

註三十六：德文爲 Standisches Kapital，英文譯作「estate」 capi'al，爲與所有者之社會地位不能分離之資本，今譯作等級資本。

在中世紀，各市鎮的公民們爲了自己的生存，被迫的聯合起來，反抗地主貴族。買賣的推廣，交通的確立，使分離的市鎮能夠知道別的市鎮，能夠估計到和相同的對立者鬥爭有相同的利益、從許多局部地方的市民羣慢慢地造成了市民階級。各市民的生活狀況，因了他們和現存關係，及由這等關係所決定的勞動方式的對立，遂成爲對他們一切是共通的，對於各個人是獨立的狀況。市民們在把他們自己從封建的束縛裏拉出來得到解放的程度之下，創造了狀況，在他們對現存封建制度的對立所決定的程度之下，爲狀況所創造、到了個別的市鎮開始聯合起來時，此等共通的條件發展爲階級條件了。這等相像的條件，相像的對立，相像的利益，必然促進各地相像的習慣。資產階級自身，隨同它的條件，慢慢的發達起來，依照着分工，分裂爲各種不同的分子，最後，它吸收了一切先前的有產階級，（並且把大多數從前的無產階級，及一部分早先的有產階級成爲一個新階級，卽無產階級，）一切早先的財產隨同漸漸變爲工業資本及商業資本了。各個分離的個人祇有在進行對別階級戰鬥的時候成爲一個階級；平時是競爭者，彼此相敵對。在別一方面，階級對於個人，却成爲獨立的存在，個人們因此看出：他們的生存條件是預定的，並且，他們的生活地位，和個人的發展受他們的階級所決定，他們是包括在階級下面的。這和分離的個人屈服於分工之下是同樣的現象，要除掉，祇有消滅私有財產和勞動。我們已經說過好幾遍了，由於包括個人於階級之下，也就要使他們服從於一切思想，等等。

一地方獲得的生產力，特別是各種發明，對於後來發展上要失去與否，純粹依靠着商業的推廣。如果沒有商業與鄰近的地方相聯絡，各種發明必須在各地方分別去做了。祇要有偶然的事情，如被未開化人的侵入，甚至於平常的戰爭，都足以把一處有進步的生產力和需要的地方破壞到須得從開始做起。在原始的歷史裏，每日有新的發明，並且各地方獨立地做成功，甚至於商業已經比較發達，高度發展的生產力還不能避免全部的被毀滅。這是腓尼基人可以爲例證的，因爲受亞力山大（Alexander）的侵略及以後的衰亡，這民族被驅逐出商業界，他們的發明品大部分就長時期的失去了。相似的，爲中世紀的玻璃畫。祇有商業巳經成爲世界商業，並且有大工業爲它的基礎，一切民族巳都牽入競爭的鬥爭中時，獲得的生產力才能夠保存起來了。

各市鎮間分工的直接結果，是工場手工業的興起，這是從同行制發生出來的生產部門、製造業在和外民族通商的歷史前題下，最初繁榮是在意大利，後來在法蘭德斯。在別的國家，例如英格蘭及法蘭西，最初是以國內市場爲限的。除却上面所講的前題外，工場手工業還依靠於別的前題：即人口已經相當的集中，特別在鄉村間，和資本的集中，資本開始積蓄在個人的手中，一部分在行會間，雖然有行規的限制，一部分則在商人間

這勞動，從開始就必須有機器的，即使是最粗糙的一種，它表示出最有發展的可能。本國農民做的，作爲一種副業，以取得衣服的織布，是因了商業的擴張而受到一種推動和進一步發展的最初的勞動。織布是最初的也是仍然是主要的工場手工業因了衣料需要的增加，這是人口增加的結果，和因了流通的加速，使自然資本增加積蓄

和流動化，(三十七)並且因此被喚起的，和受商業的逐漸擴張所培養起來的奢侈的要求，給織布工業一種質和量上的刺激，把它從自來的存在形態中提了出來。和為了自用而織的農民，他們是繼續做着這種工的，相並列起來，在市鎮裏發生了一個織工的新階級，他們的織物預備供給整個國內的市場，亦常常預備供給國外的市場。織布這種職業，大抵不大需要技巧，並且即刻分化為無數部門，因了它的全部的性質，反叛了行會的束縛。織布工業遂多數在沒有行會組織的村莊上及市場中心經營起來，這些地方漸漸的變為市鎮，而且是各地方的最繁榮的市鎮了。財產關係亦與脫離行會的工場手工業一起，很快的發生變化。第一種進步，是因了商人的出現，遂超過了自然的，等級的資本，他們的資本開始成為可動的，近代意義的資本了，這所說的，自然就那時候的環境而言。第二種進步是跟工場手工業同來的，它又把大量的自然資本成為可動的資本，並且合起來，使可動資本的量對自然資本增加起來。同時，工場手工業成為

註三十七：即成為動產之意，

農民的安身之處，因爲行會排斥他們，或者待遇他們很壞，正像早先的有行會的市鎮，曾爲農民逃避壓迫的地主貴族的安身之處一樣。

和工場手工業的開端同時，有一個流氓時代，原因由於家臣們的封建團體的衰落，擁王以鎮壓諸侯的龐雜軍隊之解散，農業的改良，及大塊田畝的化爲牧場。從這裏已經明白：這等流氓是和封建制度的崩潰有何等密切的關連了。早在十三世紀，我們已經看到這類的零星的時代，但到十五世紀末和十六世紀化，這種流氓纔一般的且經常的出現了。這種流氓多到這樣地步：英格蘭的亨利第八竟把他們吊死了七萬二千人，他們的歸向於作工有着最大的困難，而且通過極端的必要，隨後還經過一個長期的抗爭的。到工場手工業急連的興起來，特別在英格蘭，遂漸漸把他們吸收了去。跟着工場手工業的興起，各民族就走進了一個競爭的關係，即商業鬥爭。這鬥爭曾發爲戰爭，及保護關稅，禁止輸入，至於在早先的時候，這些民族，在他們有關係的程度以內，彼此是經營着不相侵害的交易的。從此以後，商業有政治的意義了，工場手工業興起來時，同時給工人和僱主之間的關係也發生變化，在行會裏，夥計和東家間還保存着一種家長制的關係，在工場手工業裏，工人和資本家之間成爲一種金錢的關係了——這種關係，在鄉間，及小市鎮裏還染有家長制的色彩，但在較大的，眞的工場手工業的市鎮中，很快的差不多失去一切家長制的關係。

工場手工業和生產運動，一般因了跟隨發見亞美利加及海道通到東印度羣島而來的商業擴張，受到一個極大的推動，從那裏運來的新產物，特別是金和銀，加入流通中，完全改變了階級相互間的地位，對於封建地主及工人給了嚴重的打擊，還有冒險家的探險，殖民事業，更重要的是市場擴大爲世界市場，這在現在已經變爲可能，而且天天在成爲事實，遂喚起歷史的發展的一個新階段，關於這方面一般在這裏不能夠更詳細的講。因了新發見土地的殖民事業，給各民族相互間的商業鬥爭一種新燃料，跟着是更大的擴張和鬥爭的劇烈化。

貿易和工場手工業的推廣，促進了可動資本的積蓄，在行會，它是並不受推廣生產的刺激的，自然資本是停滯的，或者甚至於會少下去。貿易和工場手工業創造了大資產階級；小資產階級則集中在行會裏，他們不復像從前那樣，統治於市鎮中，他們已經對大商人及工場手工業者的力量屈服。所以行會一經和工場手工業接觸，便衰頹了。

我們前面所講的時代，各民族間的物質的商業關係，係取二種不同的形式的。起初，流通中祇有少量的金和銀，不得不對於此等金屬禁止輸出；至於工業，大部分是由外國輸入的，因由於僱用增多起來的都市的人口所必需，這工業不能沒有特權。當然，這種特權，不但爲了防國內競爭，主要的是在對外。在這種原始的禁止中，地方行會的特權就擴張了全民族。關稅原本由於封建地主向經過他們的地方的商人抽取的貢品，後來市鎮也這樣徵收貢品了，並且，跟着近代國家的興起，關稅成了國庫生財的最顯著的方法。亞美利加的金和銀的出現在歐羅巴市場上，工業的漸漸發展起來，貿易的迅速推廣，和非行會制的資產階級及貨幣的興起，給此等處置方法以別種意義。每日愈加非貨幣不行的國家，現在從財政上的考慮，繼續禁止金銀出口，資產階級，他們的主要目的是在壟斷這些投到市場上來的大量貨幣，是完全以此爲滿足的，早先所建立的特權已變爲政府收入的源流，並且變賣爲貨幣了；稅則當中立了出口稅，它對於工業的進行是一種障礙，純粹爲了財政上的目的。

第二期開始於十七世紀中葉，差不多繼續到十八世紀末。商業和航業進展比工場手工業快得多；工場手工業祇佔次要的地位；各殖民地成爲大量的消費者；經過長時期的鬥爭之後，各民族在它們中間分佔了開放的世界市場。這時期開始了航海法律及殖民地的獨佔。各民族自己間的競爭，用稅則禁運及條約盡可能的來免除，不得已而競爭的鬥爭仍在進行，並且用戰爭解決它（特別是海戰）。最強的海軍國，這英吉利，貿易及工場手工業上得了優勢，這裏我們已見到集中於一國的情形，工場手工業一逕在國內市場受保護關稅的庇護，在殖民地市場的獨佔，並且在國外盡可能的受差別關稅的利益。國產材料的加工是受獎勵的（英格蘭的羊毛及亞麻，法蘭西的絲）國產原料的輸出受禁止（英格蘭的羊毛），外來原料的輸入置諸不問，或受壓制（英格蘭的棉花）。統治海上貿易及有殖民地權力的民族，自然對於工場手工業起了最大的量的和質的擴充，工場手工業沒有保護是不能經營的，因爲，如果別的國家稍稍有點變動，它就會失掉市場，陷於毀滅；在合理地有利狀況之下，它很容易在國內建設起來，但亦正因爲這緣故，很容易失敗。同時，因了它的經營方法，特別在十八世紀，是在鄉間的，和大羣的個人的生活關係密切相關，因此沒有國家肯容許自由競爭，以危害它的存在。所以它在辦理輸出一方面，完全依靠商業的擴張或受限制，它加於商業的反作用比較的小。所以在十八世紀，它屬於次要的，商人的影響却很大。特別是商人及運貨者，他們比任何人更切要國家的保護和獨佔；工場手工業者亦要求，並且的確也受到保護，但在政治的重要性上，總是次於商人的。商業的市鎮，特別是沿海的市鎮，贏得大資產階級的某程度的文明景象，但是工場市鎮仍然保守着極端小資產階級的景象。參看藹欽（三十八）的著作等等。潘多（三十九）曾明白地說過：「商業是這世紀的驕子」又說,「若干時候以來,人民所講到的祇是商業,航業,及海軍。」*這一時期,又以停止禁金銀輸出及開始金銀貿易爲特色;有銀行,國債,紙幣;有股票及公債的投機,和各種貨物的證券交易;及一般金融的發展。又資本把大部分的自然性質失掉了,本來是附在它的上面的

註三十八:鸛欽(John Aikin,一七四七到一八二二年)醫生兼歷史家曾著 Descrip'ion of country from thirty to fourty miles round Manchester 一七九五年出版。

註三十九:潘多(Isaac Pinto,一七一五到一七八七年)荷蘭葡萄牙人商人兼經濟論文作者著有Lettre sur la jalousie du commerce 一七七一年出版。

*資本的運動雖然很受促進,然而總仍然比較的緩慢,世界市場分裂爲分離的部分,每部分各受特別民族的榨取。在這等民族方面避免自己的競爭生產本身的粗陋,並且由於金融祇從早期發展出來這事實,大大地防礙了這流通。這結果,遂有一種計較,打算及鄙吝的精神,至今還附在所有商人及全部貿易的經營方式上。和工場手工業者相比較,充其量和工匠相比較,他們的確是大資產階級了,和下一時代的商人及工業家相比較,他們仍然是小資產階級。參看亞丹斯密的著作。

貿易及工場手工業向一國集中，即英格蘭十七世紀不可抗的發展起來，漸漸地給這國家創造了相對的世界市場，並且因此這國家的工場手工業的生產的要求，自來存在的工業生產力已不能應付了。這種超過生產力的要求，是一種原動力，這原動力，因了產生大工業，——把各種元素的力（四十）應用於工業的目的，機器及最繁複的分工——喚起了自中世紀以來第三期私有財產的存立。英格蘭已經存在這種新階級的其他先決條件：如國內的競爭自由，理論力學的發展等等，的確，牛頓（Newton）所完成的力學，在十八世紀，全部是法蘭西及英格蘭的最通俗的科學。（國內的自由競爭，各地都爲革命所贏得——英格蘭一六四〇年及一六八八年，法蘭西一七八九年）。競爭立刻逼迫要想保持歷史地位的各國用新稅則來保護它的工場手工業（舊稅關已不夠抵制大工業），並且即刻在保護的關係下，扶植了大工業。

雖然有這等保護方法（它是實際的自由貿易，關稅祇是一種緩和劑，一種自由

註四十：指水力，火力等力量。

貿易內部的障礙物）大工業却把競爭普遍化，建設了交通機關，和近代的世界市場，把貿易附屬於工業下，把所有資本化爲工業資本，並且因此產生了快捷的流通（把金融制度完成）又有各種形式的資本集中。因了普遍的競爭，逐強迫個人把他們的力量緊張到極端。它盡可能的毀壞了觀念體系，宗教，道德，等等，對於不能這樣做的地方，把它們造成明顯的說謊。第一次產生了世界的歷史，從盡可能的把一切文明民族及它們的個人依靠整個世界以滿足需要，這樣，就毀滅了以前的各個民族的自然排他性，它使自然科學給資本服務，並且從分工裏把自然性質的最後一點相似性質也去掉了。盡量在勞動存在之下的可能內，它把自然的生長普遍地毀滅掉，並且把一切自然關係溶解成爲貨幣的關係。在自然的市鎮裏，創造了近代的，巨大的工業都市，它在一夜之間便已經躍起。凡它所到的地方，把手藝及一切早期工業都毀滅掉了，它完成了商業市鎮對鄉村的勝利。它的第一前題是自動制。它的發展，生產了大量的生產力，私有財產對於這，正如先前行會的對於工場手工業，和小的鄉間手工場對於發達的工藝一樣，遂成爲一種鐐銬。在私有財產制下面，這等生產力祇能得到片面的發展，大部分變爲毁壞力；又，這種力量的大部分，在這種制度裏面不能夠全都來利用。一般的說，它在各處地方創造了社會各階級間同樣的關係，並且因此毁滅了不同的國民性間的特有的個性。最後，各民族的資產階級仍在維持民族利益時，大工業已創造了一個階級，它在各民族裏都是利益相同，而且國民性已經死滅掉；這階級實際上已經脫離一切舊世界，同時和舊世界成爲敵對的。大工業不但製造出工人們對資本家的關係，便是這勞動本身，亦不堪負擔的。

這是明白的：在一個國內，大工業不能各地都發展到同一平面的。然而這不足以停滯無產階級的階級運動，因爲大工業創造出來的無產階級，成爲這一運動的領導者，是帶着大衆跟他們走的，並且因爲從大工業中被排斥出來的工人，比之於在大工業中的工人，是處在更壞的地位的。大工業已經發達了的國家，對於多少非工業化的國家，祇要它們已被世界的商業掃進到世界競爭的鬥爭中間的，亦有同樣的作用。*

有這等不同的形式，也就有這許多勞動組織的形式，所以財產也是這樣。每一個時期，就起一種現存生產力的聯合，祇要這是爲需要所認爲必要的。

〔2〕 國家和法律(四十二)對於財產的關係

最初的財產形式，在古代和在中世紀一樣，是宗族財產，羅馬人主要由戰爭來決定，日耳曼人則由養牛來決定。在古代的人民方面，因爲幾個宗族同住在一個市鎭裏，宗族財產遂像國家財產，個人對於財產的權利，祇是「所有，」然而它像整個的宗族

* 競爭是使個人們，不僅是資產階級，尤其是工人們，互相仇視的，雖然事實上是在把他們結合起來。所以此等工人們能夠結合之前，須經過一段很長的時間，且不問這種結合需要的事實，——如果不單單是一個地方——必要的工具，即大工業的都市，廉價而快捷的交通，第一是須由大工業產生出來的，所以各個有組織的力量，對於這些孤立的個人們（他們是生活在每日生產出這種孤立性的關係中間的）須經過長期的鬥爭之後，才能克服。如果求相反的一面，是和要求某一段歷史時代不要有競爭存在，或者要求個人們把他們不能控制的使他們孤立的各關係從他們的心中去掉一樣的。

註四十一：德文 Recht，普通譯爲法律，但亦含有權利的意思。

財產一樣，祇以土地財產爲限的。眞的私有財產開始於古代，像近代民族一樣，是人身的動產——（奴隸制度和公共組織）（依法充分所有）。（四十二）在從中世紀長發出來的民族方面，宗族財產發展起來，通過各個不同的階級——封建的土地財產，公團的動產，工場手工業資本——到近代的，由大工業和普遍的競爭所決定的的資本，這是純粹的私有財產，它脫去了一切公共制度的外表，隔絕了國家給與的財產發展上的任何影響。近代國家和這種近代的私有財產相一致，國家漸漸的被財產所有者用租稅所收買，通過國債，它完全落在他們的手中了，並且它的存在，變爲完全依靠於商業的信用，財產所有者，即資產階級，把它推廣到證劵交易上的國庫劵之漲跌上去。祇因爲這事實，資產階級已經成爲階級，不再是一個等級了，它遂被迫的把自己組織起來，已不復是地方的，已成爲民族的了，並且對於它的公共的平均利益，成爲一般的形式。由於私有財產從公共組織中解放出來，國家變爲一個分離的東西，它在公民社會之

註四十二：原文爲 dominium ex jure Quiritium。

外，並且和它並列；國家不過爲這樣的一種組織形式，卽資產階級爲了對內部及外部兩方面的目的，都需要採用它，以保證他們的財產和利益。今日國家的獨立性已祇見於這樣的國家：卽在這些地方，等級還沒有完全發展成爲階級，在更進步的國內，等級是已經廢除的，在那裏還有一部分的作用，並且還是一種混合物，這等國家，便是說，還沒有一部分人口能夠統制別的幾部分。德意志特別有這種情形，近代國家最完全的倒是北亞美利加。近代的法蘭西，英吉利及美利堅的作家，都表示着這種意見，說國家祇爲私有財產的緣故而存在，所以這一事實，已經滲入正常人的意識中了。

所以國家是這樣一種形式：統治階級的個人得以擁護他們的公共利益，並且在這裏面，一時代的整個公民社會得以團結，結果，遂使一切公共機關的形成，都以國家爲介紹，於是各種機關得到一種政治的形式，因此生出法律由於意志這種幻覺來，並且覺得由於從實際基礎分離的意志的——卽由於自由意志。相似的，權利又還原於法律。

民法是從自然的共同組織解體後，和私有財產同時發達起來的。在羅馬人裏，私有財產和民法的發達，沒有得到工業及商業進步的結局，因爲他們的整個生產方法沒有改變。在近代民族裏，封建社會被工業及商業破壞後，私有財產逐興起來，民法也得有一種新姿態，它有更進一步發達的可能了。在中世紀，商業興盛的第一個城鎮，亞麥爾菲(Amalfi)裏，海上的商法也發展起來了。工業和商業把私有財產作進一步的發達，最早是在意大利，後來在別的國度，羅馬民法又以整個的形式而被採用，並且昇爲威權。後來資產階級取得了這樣大的力量，國王爲了自己的利益，依靠資產階級以推倒封建貴族，於是各國——法蘭西在十六世紀——法律有了實際的發展，在各國，除却英格蘭，都以羅馬法典爲基礎的。又，在英格蘭，羅馬法律的諸原則曾被採取，並使民法（特別在私人動產的一部分）作進一步的發展。必須不要忘記：法律也正像宗教一樣，是很少獨立的歷史的。

在民法裏，現存的財產關係被認爲公共意志的結果，使用和消費權(jus utendi

et abutendi）一方面是說明這事實卽私有財產是對公共組織完全獨立的，別一方面是說明私有財產本身是起於私有的意志，卽起於隨意處置物的意志這幻想。在實際上，耗費在私有財產所有者方面是極有經濟學上的限制的，如果他不願意看見他的財產讓渡於人，因此他的消費權讓渡於人的話，因在實際上，單單被認爲關係於他的意志的事物，可以完全不是事物，祇有在交通中才作爲眞實的財產，並且對於事物的權利也是分離獨立的（是一種關係，哲學家們叫做觀念。）這種法律上的幻想，卽把法律歸之於僅僅是意志的幻想，在財產關係更進一步的發展裏，必然引導到這樣地步：人對於事物可以有一個名義，而實際上並不眞有這事物。例如，如果因了競爭，一塊土地上的租息失去時，那麼地主的確對於土地，與使用和消費權一起，有着法律上的名義的，但是沒有什麼可以利用了；如果他此外沒有充足的資本以耕種這土地時，他雖爲地主，却沒有什麼東西。法律家們的此種幻想，又解釋了這事實，卽在他們和在各種法典一樣，個人相互間的發生關係（例如契約）完全是偶然的；它解釋他們認爲這等關係加入與否是出於意志，並且它們的內容，純粹在結約的雙方的個人的自由意志。經過工業及商業的發達，新的交通形式就發達起來(例如保險公司等等)，法律總是被迫的去承認它們是獲得財產的方法。

* * * *

沒有別種意見比這種更普通的了：即在歷史裏，直到現在，還祗是一個奪取的問題。未開化人「奪取」羅馬帝國，並且由於這等「奪取」的事實可以說明從舊社會轉變到封建制度。然而在被這未開化人所奪取裏問題是，被征服的民族，是不是有發達的工業生產力，如在現代民族中那樣，或者還是他們的生產力大部分還祗安放在集合體及公共組織之上。奪取，進一步是受被掠奪者的客體所決定的。銀行家的紙上的財富是完全不能奪取的，除非奪取者服從於被奪取者的國度的交通及生產條件之下。近代工業國家的全部工業資本也是這樣。並且最後，各處地方奪取都有止境的，到了沒有什麼可奪取的時候，人們就必須從事生產了。從這種很快就發展起來的生產的必要，接着是：這安定下來的征服者，所採取的社會形式必須和現存的生產力之發展階段相應；不然，如果開始就不能這麽做，社會必定照着生產力而改變。又從這可以解釋這事實：在民族移徙的時期，人們到處都可以看到，即僕役却是主人，征服者很快的從被征服者取得言語，文化，及風俗。封建制度決不是完全從德意志帶來的，它的起源，從征服者一方面說，是在進行征服時，軍隊的軍事組織中間的，並且祇有在征服之後，通過被征服國家現存的生產力之活動，發展而爲封建制度。此種形式受生產力的決定到如何程度，由企圖從古羅馬（查理大王 Karl der Grosse 等等）的遺制中實現別種形式而失敗這事表示出來了。

〔3 自然的和文明的生產工具及財產形式〕

……可以看見（四十三）從第一項，接續於高度發展的分工及擴大的商業之前題；從第二項，是地方性。在前一情形當中，個人們必須集合起來；在第二項，他們在既有的

註四十三：原稿殘缺，句子不全。本節題目亦係全集編者所加。

生產工具旁邊，把自己也看做生產工具。這裏遂發生自然生產工具和被文明所創造的生產工具兩者間的不同。田地（水，等等）可以看作自然生產工具。在第一種情形當中，卽自然生產工具的情形，個人們服從於自然，在第二種，服從於勞動生產。所以，在第一種情形當中，財產（土地財產）顯然爲直接自然的統治，在第二種，爲勞動的統治，特別是蓄積的勞動，卽資本第一種情形，設想個人爲家族，宗族，土地等等的約束所連合；在第二種，他們相互間是獨立的，祇由交換來連合。在第一種情形中發達起來的東西，主要是人和自然中間的交換。在這裏，以人的勞動交換自然的產物；第二種，主要爲人們中間的交換。在第一種情形裏，平均的人類常識便夠了，——肉體的和精神的勞動還完全沒有分開；在第二種，肉體和精神的分工實際上已完全。在第一種情形裏，有產者對於無產者的統治以人身的關係爲基礎，爲一種公共組織；第二種裏，取得了第三者的物質形式，卽貨幣。在第一種情形裏，小工廠是存在的，但由利用自然的生產工具來決定，所以在不同的個人間，沒有勞動的分配；在第二種裏，工業存在於分工和通過分工了。

上面我們的考察係從生產工具出發，並且我們看到某些工業階段上私有財產的必然。在採取工業(四十四)時代，私有財產還和勞動相合一，在小工業及一切農業直到現在，財產爲既有生產工具的必然結果了；在大工業裏生產工具和私有財產中間的矛盾是大工業的產物，並且祇能隨同它出現。這樣，也祇有隨着大工業，私有財產的消滅成爲可能。

在大工業和競爭中，個人們的整個生活狀況，限制性，片面性都凝結成二個最簡單的形式：即私有財產和勞動。隨同貨幣而各種交通形式，交通本身在個人間被認爲偶然。因此，貨幣指示出：一切以前的交通祇是個人在特殊的條件下面的交通，不是當作個人的個人之交通。這等條件又可分作二種：蓄積勞動即私有財產，及實際的勞動。如果二者或二者之一廢止，交通便停頓。例如近代的經濟學家們，如西思蒙第(Sism.

註四十四：原文 industrie extractive，爲原始經濟時代的工業，人們採取和攝取自然的產物。

ondi)(四十五)顯布里士(Cherbuliez)(四十六)等等把「個人的聯合」和「資本的聯合」相對立。在一方面，個人們完全受分工所决定，因此走進完全彼此相依靠的關係裏。私有財產，在勞動的內部，和勞動對立的範圍內，因了蓄積的必要而發展起來，並且曾經是，起初亦是，作公共組織的形式的；但是因了它後來的發展，愈加近於近代私有財產的形式。分工暗示從勞動狀況，工具，和材料的分開而起來的，因此，在不同的所有者間，把蓄積資本分析開，因此又資本和勞動分開，財產自身也有了各種不同的形式。分工愈發達，蓄積愈增加，分化過程所成的形式也愈尖銳。勞動祇有在這種裂片的前題下才能存立。

這裏顯明了二種事實。第一，諸生產力顯然自成一個世界的，從個人們分離而獨立，且和個人們相並列的；理由是：具有生產力的個人們，分裂了，成爲彼此對立，至於在

註四十五：Jean Charles Leonard Sismondi，一七七三年到一八四二年，瑞士歷史家兼經濟學家。

註四十六：A. E Cherbuliez，一七九七到一八六九年，繼承西思蒙第之後的瑞士經濟學家。

別一方面；這等力量實爲交通中間及聯合個人的唯一實在的力量。因此在別一方面，我們有生產力的全部，這好像採取一種物質的形式，對於個人，不復是個人的力量，但是私有財產的力量，所以祇是私有財產所有者的範圍內的個人們之力量。以前的任何時代，生產力對於當作個人的個人交通上，從不取過這樣無差別的形式的，因爲他們的交通本身從前受着限制。在別一方面，對着這等生產力對立着大羣的個人，生產力已從他們奪去，因此他們的眞實生活內容已被搶去，已成爲抽象的個人。但是他們祇因了這事實，當作個人而置於彼此的關係中。

至今在他們中間，生產力和他們的存在間唯一的連繫物卽勞動——已經失去一切自己活動(四十七)的外貌，祇能委屈生活地維持他們的生活。在早先的時代，自己活動和物質生活的生產是分離的，他們由不同的個人來負擔的，因了他們個人的狹

註四十七：德文爲 Selbstbetatigung，英文譯爲 Selfacivity，意思是把人的才能和性質施展出來的一種活動。

隘性，把物質生活的生產認爲自己活動的次要方式了，現在已不同到這樣程度，最後物質生活分明成爲目的，而生產這種物質生活的東西，即勞動，（這在現在，所可能的，據我們所見，祇是自己活動的消極形式）當作手段了。

因此各種事情現在已經到了這一步，個人們不僅爲了要能夠自己活動，但是僅僅爲了保全他們的生存，就必須把現存生產力的總體佔領。這種佔領，第一是受被佔領物所決定的，即生產力已發達到成一個總體，和祇能在世界交通之內存在。所以，單從這一方面講，這種佔領必須有一種和生產力及交通相當的世界性質。這等力量的佔領，不過使個人的能力和物質生產力相當的發達，正是爲了這個理由，生產工具總體的佔領，便是個人們自己能力總體的發達。

這種佔領又受佔領的人們所決定。祇有今日的，已經完全被擯除在一切自己活動之外的無產階級，是處在完全成功和不再受自己活動的限制的地位，並由佔領生產力的總體，以使能力總體發達起來。一切以前的革命佔領是受限制的；在個人，他們的自己活動受粗糙的生產工具和有限制的交通之限制，佔領此種粗糙的生產工具，所以祇能得到有限制的新狀態。他們的生產工具是成為他們的財產了，但是他們自身仍受分工和他們自己的生產工具所決定。一切的佔領，一直到現在，一羣個人仍然服從於簡單的生產工具；無產階級的佔領，一批生產工具必定屈服於各個人，而為大家所公有。近代的世界交通祇能受大家管理的時候，可受個人們的管理。

這種佔領又受施用佔領方法的態度所決定。它祇有聯合起來才有效，由於無產階級本身的性質，祇能夠作世界的聯合，並且通過革命，由革命一方面把從前的生產方式的力量，交通，和社會組織推倒，在別一方面發達起世界性質及無產階級的能力，沒有它，革命便不能成功；更進一步，無產階級把一切從先前的社會地位附着在自己上面的一切東西除去。

祇有在這時期，自己活動和物質生活才合一，這就相當於個人發達而成完全的個人，脫去一切自然的限制，(四十八)勞動變為自己活動，和從早先的有限制的交通變爲個人間如實在的交通相應。由聯合的個人們佔有全部的生產力，同時，私有財產便告結束。從前在歷史裏，常有一種特別的狀況顯現出來，好像一種偶然，現在，個人們的隔離和個人特別的私利成爲偶然了。

不復再屈服於分工的個人們，是在「人」的名稱之下，曾經爲哲學家當作爲一種理想而設想的。他們曾經設想的這整個過程，我們已作爲「人」的進化過程而說明大要，在各個歷史時代，以「人」替換了個人，並且被表示爲歷史的原動力。全個過程這樣被設想爲「人」的自己分離過程的，主要由於這事實：後代的平均個人常常被混到前代，後代的意識混到前代的個人。通過這種倒轉，起初它本是實際狀況的抽象的像，却可能把全部歷史化成爲意識的進化過程了。

* * * *

最後，從我們所略述的歷史概念，得到這等更進一步的結論：（一）在生產力的發

註四十八：原文 Naturwuchsigkeit，意義不甚明瞭，大約指社會主義社會以前的社會的限制。

達中，來了一個時期，到這時期，生產力及交通方法成立了，它在現存的關係之下，祇能發生錯誤，並且不復是生產力，卻是毀壞力（機器及貨幣）了；和這相連帶，一個階級也起來了，它負擔了社會的一切重擔，但不享受社會的利益，它從社會裏被逐出來，被迫的和一切其他的階級形成最堅決的對立，這一個階級佔社會裏一切人的大多數，並且從這階級產生基本革命所必須的意識，卽康敏主義意識。當然的，經過熟知這一階級的情形後，這種意識，別的階級裏也會起來的。(二)在這狀況下，一定的生產力能夠應用的狀況，是社會的一定階級統治的狀況，從它的財產來的社會力，在各種情形之下，在國家的形式裏，具有實際的，兼唯心論的表現；所以，各個革命鬥爭直接反對這一階級，它那時候還佔勢力。(三)到現在爲止的一切革命，活動形式常常依然無恙，僅有的問題是這種活動的不同的分配，把勞動從新分佈於別的人們，至於康敏主義革命是直接反對先前的活動方式的，和勞動一起去掉，並且隨同階級以消滅一切階級的統治，因爲這是由在社會上已不復當作階級的階級來執行的，不復被認爲一個階級，並且它本身是一切階級，國民性，等等消溶在現社會裏的表現；又(四)因了這種康敏意識的大量產生，和因這種原因的成果這二件事，大羣人們的改造是必需的，這種改造，祇能在實際運動裏，即一種革命裏發生；所以這種革命是必需的，不但是用別的方法不能夠推倒統治階級，又因爲去推翻它的階級祇能夠在革命裏才能夠把歷代的汚物除去，以適合於建設新社會。

[C] 康敏主義——交通形式的生產

康敏主義的異於以前的一切運動，是在於它要推翻一切以前的生產關係和交通關係，並且這是第一次要把一切自然的前題當作人造的物品，意識地處理它們，把它們脫去自然的性質，並且把它們附屬於聯合的個人們之力量下面。它的組織，本質上是屬於經濟的，便是此種聯合狀况的物質生產，它把現存狀况變成聯合狀况。這種爲康敏主義所創造的現實，確實是這樣一種眞實的基礎：使各種東西離個人的存在成爲不可能，至多在萬物不過爲個人們交通的產物範圍內。所以，康敏主義者在實踐上，把生產和交通創造下來的狀況作爲無機狀況來處理，然而，並不會想像給予他們物質資料的是前代的計劃或方案，並且並不相信這等狀況，對於創造它們的個人們是無機的。

人格的個人和偶然的個人間的區別，不是概念的不同，却是歷史的事實。這種區別，在不同的時候有不同的意義——例如，在十八世紀，個人的等級是偶然物，家族也多少是這樣。這種區別，不是各時代由人們製造出來的，它是由各時代見於存在中間的各種成分所造成的。並且，的確不是由於任何學說，是由生活裏的物質矛盾強逼成功的。後代看起來，和在前代相反，顯然是偶然的這種成分，從前代傳到後代是和生產力較不發達的階段相應的交通形式。生產力對交通形式的關係，就是交通形式對個人們的職業或活動的關係。（此種活動的基本形式，當然是物質的，心理的，政治的，宗教的，等等，一切別的形式依靠在這上面。物質生活的各種樣子，當然，依靠於各種已經發達過的需要的，並且生產和滿足這等需要，都是一個歷史的過程，它不見於羊或狗〔這是斯鐵納的反人類（四十九）的主要議論之剛愎性〕雖然成爲今日形式的羊和狗，不管它們自己怎樣（malgré eux），却是歷史的產物。個人們曾經在這下面彼此交通的這種狀況，一直從沒有前面所說的矛盾的時候以來，是屬於他們的個性的狀況，對於他們不是外在的東西；在這狀況下面的這等一定的個人們，生活在一定的關係之下，方能生產他們的物質生活，及和它相關連的東西；這是屬於他們自己活動的狀況，並且是自己活動生產下來的。他們在下而營生產的一定狀況，所以，在矛盾還沒有出現的時期，一直和他們受制限性質的現實，他們的片面的存在，是相應的，這片面性須到矛盾上戲台的時候才顯明，並且因此祇對於後期的個人們才存在。以後這種狀況就顯示出爲一種偶然的束縛，並且認爲一種束縛的意識，便在早期也是有的。

註四十九：反人類，原文 adversus hominem，斯鐵諾反對人類的理想和目的等，以爲不如羊和狗沒有理想之爲自然。因此馬恩說這樣的話。

起初爲自己活動的狀況而出現，後來變爲它的束縛的各種狀況，形成了整個歷史進化中各種交通形式的連續的系統，這連續性在於：早先的交通形式已變爲束縛時，其間就形成一個新的，和更發達的生產力相應的，因此和更進步的個人們的自己活動方式相應的交通形式——這一形式再變爲束縛時，再換一個別的形式。因爲這等狀況，和生產力同時發展的各階段相應，所以它們的歷史同時就是每個新世代所得到的發展中之生產力的歷史，並且也就是個人們自己的力量發展的歷史。

因爲這種進化是自然地起來的，即不服從於自由地聯合的個人們之一般計劃的，它從各個不同的地域，部落，民族，勞動部門等等出發，各自獨立發達起來，方才漸漸的和別的發生關係。又，它的起來是極緩慢的；各個階段和各種利益，從不完全被克服，不過服從了勝利者的利益，以後在勝利者之旁還要拖延數百年。從此以後，在一個民族之內，個人們即使離開他們的金錢環境，也有了一種十分不同的發展，並且早期的利益，它的特別的交通形式已被屬於後期利益的交通形式所驅逐，但還會在虛幻的公共組織（國家，法律）裏，保有傳統勢力很長久，這組織是已經離開個人獨立存在着的，這一力量最後的手段，祇能被革命來破壞掉。這說明了參考各個的觀點，能夠成爲更一般的總結，爲什麽意識有時候分明比較同一時代的經驗關係要進步得多，因此，在後代的鬥爭裏，人們可以參考前代的理論家，當作權威。

在別一方面，有些國家，像北亞美利加，從一個已經很進步的時代開始，他們的進步是極快的。這樣的國家個人們以外沒有別的自然的前題，他們遷移到那裏居住下來，因爲故國的交通形式已經不適應他們的需要，所以這樣做的。這樣，他們開始就是故國的最進步的個人們，並且，在故國能夠建設起這種交通形式之前，就有了相適應的最進步的交通形式了。* 一切殖民地都是這樣的，祇要那地方不祇作軍事或商業

* 各個民族的個人能力，——德意志人和亞美利加人——能力祇能通過互相交配——所以德意志有癡呆病——在法蘭西和英格蘭等等，外國人民遷移到已經發達的土壤，在亞美利加是到一個完全新的土壤——在德意志，自然的人口靜靜地居住已然的地上。

的根據地，就成爲如此。迦太基(Carthage)，希臘的殖民地，及愛斯蘭(Icel[illegible])在十一及十二世紀，就是這樣的例子。相像的關係會從征服發生，已經在別一個土地上發達起來的交通形式，會全部移到被征服的國內去的；它在本國裏因了從前代留傳下來的利益和關係，還在阻礙它，到這裏，它就能夠而且也必須無阻礙的完全建設成了，——祇要能確保征服者的持久的勢力。(英格蘭和那不勒斯被諾爾曼征服後，它們承受了最完全的封建組織的形式。)

這樣，照我們的意見，一切歷史上的衝突，在生產力和交通形式的矛盾裏，都有來源，但是，在一個國內，要發生衝突，也不必一定要有這種矛盾在前頭。進步的國家間，因了由國際交通的擴大而引起的工業競爭，也足以使落後的國家裏產生相像的矛盾。(例如因了英吉利的工業的競爭，使潛藏在德意志的無產階級顯露了出來。)

這種生產力和交通形式間的矛盾，據我們所見，在過去的歷史中已經有過好幾回，但沒有危險到它的基礎，不過每回必然爆發一次革命，同時還有各種附屬的形式，如全面的衝突，各階級的衝突，如意識的矛盾，思想戰鬥等等，政治鬥爭等等。從狹隘的觀點上看，人們會從這等附屬形式中去分出一個，認爲它是這等革命的基礎；如果發動革命的個人們，跟着他們的文化程度及歷史的發展時代，對於他們的活動造成幻想時，就更加容易這樣做。

人身的能力（各關係），通過分工，成爲物質能力的變化，是不能夠從人的心裏去掉關於它的一般觀念而除去的，祇能夠由個人的行動，重把物質能力服從於他們自身，並且去掉分工，才可能。沒有公共組織是不可能的。祇有在公共組織裏，和別人一起，各個人得了向各方向培植他的才能的方法；所以，祇有在公共組織中，有個人自由的可能。在公共組織的先前的代替物裏，在國家等等裏，祇有在統治階級的關係中發展起來的個人才有人格的自由存在，而且至多也不過他們是這一階級裏的個人。個人們至今還結合着的虛幻的公共組織，對於個人們經常取獨立的狀況，並且同時，因爲它是一個階級對別階級集合體，不但是一個完全虛幻的公共組織，而且也是一個新的束縛。在眞的公共組織裏，個人們能在社會裏，和通過聯合而得到他們的自由的。

從以前我們所說的一直到現在，可以知道：屬於一個階級的個人走進一個共同關係，這關係由他們對第三者的共同利益所決定的。這種關係，常常是這樣的一種公共組織，所屬的個人，祇當作平均的個人，充其量，他們祇生活在他們的階級的生存條件之內，——他們參與這樣一種關係，他們不當作個人而參加，却當作階級的一員而參加的。革命的無產階級的公共組織則不然，他們把他們的生存狀況，和社會的一切人員的生存狀況，放在控制之下，情形適却相反；參加在裏面的個人是當作個人參加的。正是這種個人的結合（當然，假定爲近代生產力進步的階段，）是把自由發展，和個人運動的條件放在控制之下的——這些條件，先前是委之於機會，並且對於分離的個人，正因爲他們作爲個人而分離，和因爲被分工所決定而結合，和通過他們分離而對他們成爲外在的束縛，取得了獨立的存在。直到今日，結合（不是任意的，像民約論（五十）裏所講的例子，却是必需的結合）祇能在這等條件上才被許可，在這裏個人們得享受機會（比較，例如北美國家及南美各共和國的形成）在一定之條件下面，這種無阻礙地享受遭遇和機會的權利，直到現在爲止，稱爲人格的自由但是這種條件，當然祇是生產力和交通形式在某一種特別的時期。

人們如從哲學的觀點上來考察個人在前後相繼的等級和階級的共通生存狀況中，和同時加於他們的一般概念中的進化時，的確很容易這樣想像這等個人們中，種，即「人」是進化了，或者它們把「人」進化了——這樣的想像，人就把歷史打了幾個重的耳光。* 人就可把各種等級及階級爲一般表現的特殊項目了，當作種的各種變種，或當作「人」的各種進化階段。

這種個人附屬於一定階級的事情，非到一個階級已經變形，它反對統治階級不復有什麼特別的階級利益時，是不能消滅的。

註五十：原名Du control social，盧梭（J. J. Rousseau，一七一二到一七七八年）著，一七六二年出版。

*常見聖麥克斯（斯鐵納）這樣說明他通過國家時各人便是一切根本上和這樣說明相同的：資產階級祇是資產積的一個標本這種說法是預定了資產階級的存在，比構成這階級的個人更早。

個人通常總由他們自己出發的，但自然是由於在一定的歷史條件與各種關係之內的他們自己，不是在觀念學者們所設想的「純粹」的個人。但是在歷史進化的行程中，並且明確地通過這種不能免的事實，即在分工之內，社會關係取得了獨立的存在，各個人的生活中遂現出一種差異——祇要那生活是人格的，祇要生活是受勞動部門及屬於那部門的條件所決定的。（我們並不作這樣的了解，例如把以利息爲生的人，資本家等等當作沒有人格；但是他們的人格是受十分確定的階級關係的約束和決定的，並且這種差異祇有和別的階級對立時現出來，對於他們自己，祇有他們將破產時現出來。）

在等級制度中（在部落中更甚），這情形還隱藏着，例如貴族總是貴族，平民總是平民，把他的別種關係分開，這種性質和他的個性是不能分開的。人格的個人和階級的個人中間的差異，生活條件對於個人的偶然性，是跟階級的發生而起來的，這階級本身是資級階級的產物。這種偶然性質是由他們自己中的個人競爭和鬥爭而產生和發展的。所以，在想像裏，好像個人在資產階級統治之下，比以前自由些，因爲他們的生活條件似乎是偶然的，在實際上，當然他們更不自由了，因爲他們更屈服於殘暴勢力之下了。特別在資產階級和無產階級的對立中間發生了等級的不同。至於城市市民的等級，團體，等等，和地主貴族對立着出現時，他們的生存條件——動產及手藝勞動，在他們離開封建束縛以前已經潛藏着——像是反抗封建的土地財產的積極的東西，並且在進行上，本身最初採取封建的形式。的確的，逃出的農奴把他們以前的奴役看作他們人格上的偶然的事情。但是從這裏他們所做到的，祇像各階級謀從鐐銬中解放出來一樣；他們沒有做到階級的解放，祇是個別的解放。又，他們沒有越出等級制度，祇是造成了一個新等級，便是在新環境中，也仍然繼續着他們先前的勞動方法，並且，把它從和已經達到的發展不相應的鐐銬中解放出來，使它發展上去。*

*注意——不要忘記：農奴們生存上的必要，和大規模經濟的不可能，這使農奴中間土地的分配很快的減輕農奴對於地主的服役，成爲一種納貢和服役之一個平均額。這使農奴可以蓄積動產，並且因此使他

無產階級·却不然，他們的生存條件，卽勞動，和跟它一起管轄近代社會一切生存條件，已成爲偶然的東西，他們對於這些東西，因爲是分散的個人，不能控制，也沒有社·會·組織能給他們去控制它們，各個分散的無產者的個性和勞動，卽強制他的生活條件中間的矛盾，對於他自己是明白的，因爲他是從年青起，一直到老的犧牲者。並且，在他們自己的階級裏，沒有一個機會，能得到一種條件，把他安置到別的階級裏去。所以逃走的農奴們祇期望把既存的生活條件自由地發展，和加以擁護，所以結局祇得到自由勞動，那無產階級，如果他要把自己作爲個人，必須消滅自來的生活條件（也就是到如今的整個社會）卽勞動。因此，他們看出，他們自己和這種形式相對立，在這種形式裏，個人們是把自己當作集體表現的，這就是國家，所以要把自己當作個人，他們必須推翻國家。（五十一）

能逃出主人的所有之外，給他一個能做城市公民的預想；又因此農民中間創造了等級，所以逃走的農奴實在已經是半市民了。還有也一樣明白熟練一種手藝的農奴是有獲得動產的最好的機會的。

註五十一 這也是指西歐的情形而說的。不是講東方的被壓迫民族，前面已說明過了。

附錄　費爾巴哈論綱原稿

這著名的十一條費爾巴哈論綱是一八四五年馬克思寫的。四十年後，恩格斯把它略加修改，一般稱爲把它通俗化，附在費爾巴哈與德意志古典哲學的結束之後，這書由彭嘉生先生（一九二九年）起至張仲實先生（一九三七年）止，已有四五種譯本。

這論綱原稿，卽未經恩格斯修改過的一種，開始由蘇聯李亞山諾夫（D. Rjoz-anov）把它發表出來，後又載在馬恩全集裏，至少也有程始仁先生等三種譯文。現在又參酌巴斯加爾（R. Pascal）的英譯，再翻譯出來，容或有可供參考之處。此文不容易翻譯，二年多前譯時得天放，曉時，任方，何封，平生，賓符諸先生指點之處很多，特此誌謝。

〔105〕

費爾巴哈論綱原稿

馬克思作

一

直到現在爲止，一切唯物論（包括費爾巴哈的唯物論）的主要缺點是在把客體，現實，通過我們的感覺去把握的外界，(一) 祇當作客觀或直觀(二)的形式去了解；

註一：普通譯作「對象，現實，感官界」或「對象，現實，感性」。英文本作「That the object, reality, What we apprehend through our senses」，故譯作「客體，現實，通過我們的感覺去把握的外界」。

註二：德文作 Anschung，英文譯爲 coutemplation，註云「我把這名辭譯作 comtemplation，這種正規的翻譯，意思却有點晦暗，應當把它了解爲 sense-percep:ion（感官知覺）和 mediation（沉思）的意思正相反對」

却不當作感覺的人類的活動，(三) 不當作實踐；不是客觀地把握的。因此活動的一方面，由和唯物論對立的唯心論抽象地發展了起來——它當然不能夠照實在的了解眞正的感覺的活動。費爾巴哈所想要的是和思惟客體實際上不同的感覺客體：但他不能把人的行動本身當作客體的活動(四) 去了解。所以他在基督教的本質裏，祇把理論的態度認爲眞正的人類態度，至於實踐，却祇在「卑汚的猶太人」的現象形態裏去了解和認定了。因此他不理解「革命的，」「實踐的—批判的」活動之意義。

二

人類思惟是否具有客觀眞理的屬性，(五) 這不是理論的問題，却是實踐的的問

註三：感覺的人類的活動，恩格斯改爲人類的感覺的活動。

註四：通過客體的活動。

註五：英文 Whether objective truth is an attribute of human thought 直譯當爲「客觀眞理是否人類思想的一個屬性」，求容易明瞭起見，譯成上文。本句普通大都譯作「對象的眞理是否能達

題。人必須證明這眞理，(六) 卽實踐當中他的思惟的現實性和力量，卽「此岸性。」爭論離開實踐的思惟有現實性或無現實性，是一個純粹煩瑣哲學的問題。

三

關於環境的改變和教育的唯物論學說，忘記了環境須由人改變，教育者自己也必須受教育的。(七) 因此這種學說把社會分成二部分，一部分超出在社會之上。環境的改變和人類的活動，卽自己改變，的合一性，祇能夠把握爲，和合理地了解爲革命的實踐。

到人的思惟。」兩者的意思不同，前者說思惟反映現實，含有眞理的性質，後者是說眞理是眞理，思惟是思惟，問題在二者能否接近。

註六：別的譯本亦作「人當於實踐中證明眞理。」

註七：過去的有些唯物論者不想到環境須由人改變，教育者自己須受教育，英國威爾斯的社會主義者歐文(Robert Owen，一七七一到一八五八年) 相信人的性質由環境造成，人對於行動不能負責，所以不應受罰；但必須用各項努力使人們走上正道，不入迷途。

四

費爾巴哈從宗教的自己分離，即從世界的二重化，分爲宗教世界和現世界這事實出發。他的工作只在於把宗教世界消解於現世的基礎裏。但是現世的基礎自己上昇，高出於自己，並且在雲裏建立了獨立的王國，這祇能從現世基礎的內部分裂和自己矛盾得到解釋的。因此，現世基礎必須從自身的矛盾中被了解，並從實踐中去革除。所以以後，例如地上家族一經被發見爲天上家族的祕密，人們必須從理論和實踐兩方面把它毀滅。

五

費爾巴哈不滿意於抽象思惟，想要直觀；但是他不了解我們的感覺的本性就是實踐的，人類——感覺的活動。

六

費爾巴哈把宗教的本質消解於人的本質。但是人的本質並不是各個人天賦的抽象物。在它的現實上，它是各種社會關係的總體（集合體）。

費爾巴哈對於這種現實的本質之批判沒有更深入，所以他被迫的：

一、從歷史過程抽象出來，並且把宗教氣質確定爲獨立的東西又假定了一種抽象的——孤立的——個人。

二、所以祇能把人的本質了解爲「人類」，即內在的，啞的，自然地聯合着許多人的通性。（八）

七

所以，費爾巴哈沒有看到「宗教氣質」本身是社會的產物，並且他所分析的抽象的個人是屬於社會的特殊形態的。

八

一切社會生活本質上是實踐的。一切把理論逼迫進神祕主義去的神祕物，在人

註八：費爾巴哈把人看作自然科學的—人類學的—人類不作社會的歷史的人看之謂。

類的實踐和這種實踐的理解裏找到了它們的合理的解決。

九

直觀的唯物論，即不把我們的感覺本性當作實踐活動把握的唯物論，所能達到的最高點，是分離的個人及公民社會的直觀。

十

舊唯物論的立場是公民社會，新唯物論的立場是人類社會，或社會的人類。

十一

哲學家們從來祇是各式各樣地解釋世界，但重要的是在改革它。